班超傳

三十六人撫西域，六頭火炬走匈奴

郎春 著

明帝時出使西域，平服五十餘國，

詔以超為西域都護，又以功封為定遠侯！

目錄

拔癰

早春二月，休眠了一冬的柳樹漸漸甦醒，在枝條上孕育出一串串圓圓的苞蕾，隨著春風的吹拂，紛紛地躍躍欲試，隨時都準備破繭而出，伸出嫩綠的飛絮。柳梢一綠，河邊道旁很快泛活，與背陰的殘雪相映成景，疏勒城又迸發了盎然的春意。

朝食之後，將兵長史班超登上城牆，繞城一周，被即將塗抹城鄉的春意所鼓舞，心氣很高。他讓李兖叫來白狐，指著前幾天寫的一塊木片，問白狐這些字寫得如何。白狐把眼一翻，埋怨長官作踐他，明知他沒上過學堂，總共不認識幾個大字，還要考學問！班超認真地說：「在本長史看來，讀萬卷書，不如行萬里路！兄弟你走南闖北，行路何止萬里，還不頂他幾卷破書？」

白狐見是這樣說，就把木片上的墨跡，從上到下端詳一遍，就這十幾個字，卻也認得：「不戰而屈人之兵，善之善者也。」班超讓他解釋解釋。白狐把腿一盤，在城門樓的一條長杌子上坐下，把臉轉向旁邊，意思是他要知道怎麼講，也當長史了，還跟著長史混啥！班超不管他態度如何，偏要他反覆來唸，唸了十幾遍，白狐彷彿有點明白，意識到可能要給他派什麼活了。又覺得不甚明白，最後還是盤腿一坐，拍著胸脯說：「老兄，你對兄弟不薄，讓我這浪人都當了朝廷的千石官，我這裡有數。就算是上刀山下火海，但說無妨！」

班超給白狐看的這句話，出自《孫子兵法·謀攻》。他在謄文館抄書的歲月，就對這段精妙的論述倍加推崇。屈者短少、缺乏也，意在交戰之前，先想方設法讓敵人的軍事能力嚴重短缺，如內訌，譁變，反水，非戰鬥減員，馬匹和軍械的毀壞和不足，糧草的短缺等等，使敵人從根本上無力抵抗，無奈自動退出戰鬥，才是高明之中最高明的。孫子還說：凡用兵之法，全國為上，破國次之；全軍為上，破軍次之；全旅為上，破旅次之；全卒為上，破卒次之；全伍為上，破伍次之。是故百戰百勝，非善之善者也。

他在與竇固將軍交流時，竇固對他的解讀頗為讚賞，最後還告訴他：「凡是能用金錢解決的問題，都不要用士兵的命去換！如今，他覺得與榆勒請來的康居兵老這麼僵持著，治權不完整，社會處於戰時狀態，經濟發展受到很大干擾，終歸不是長久之計。思忖再三，他覺得必須讓康居撤兵。可是，漢軍欠著康居的人情，不好直接張口，只好曲線相求，借重烏孫了。」

白狐的這趟差事可不輕鬆。他帶了十個騎兵，馱了不少財物，三月中就出發，艱難地越過天山，來到冰雪猶存的赤谷城。他與烏孫小昆莫已經相當熟稔，烏孫與東漢的關係幾乎就是他一手經理的，接送使節，接送侍子，傳達消息。儘管如此，當他向烏孫小昆莫提出勸退康居兵的時候，小昆莫還是為難了。上次打姑墨，漢軍用烏孫的關係請的康居大軍，人家給了面子，這次情況不同了。不管啥神都只能求一次，第二次就不靈了。

烏孫與康居的關係很微妙，烏孫本身還有借重康居的地方，要是逆著康居王的意思做事，很可能招致對方不滿，甚至結下梁子。現在烏孫雖然與漢朝交好，但康居近在咫尺，又為西域大國，這個敵人不能樹。白狐也覺得小昆莫的話不無道理，但使命在身，又不能無功而返，就使出死纏爛打的手段，每日都往小昆莫眼前晃盪，還動員他的老主顧做說客，不時請小昆莫唱歌。

烏孫的規矩把喝酒叫唱歌，當然喝的時候也唱，敬酒的人一直唱著，被敬的人就得一直喝著，歌停酒盡。要是歌沒唱完你喝乾了，那就得再斟，而曲終酒未乾，就算犯規，得認罰，然後變成敬酒人。小昆莫的歌唱得很好聽，加上幾個美女伴唱，簡直是天籟之音，聽得人幾乎遺形忘性，關鍵是在你覺得快唱完的時候，他卻意外又轉到另一段調子上，害得你自覺加酒，而這次他往往會戛然而止，令你迷迷糊糊犯規。

白狐一副狐狸嗓子，又尖又細，簡直就是小昆莫的陪襯人，每次都鬧出笑話，他一敬酒就把歌唱得十分滑稽，逗得大家捧腹大笑，最後反被罰酒。但白狐喝起酒來從不耍賴，有多少喝多少，哪怕醉成爛泥，又深得大家喜歡。小昆莫從酒品能看出白狐的人品，所以白狐的忙還是要幫的，只是得等機會，他要想個既不得罪康居、又能化解疏勒危機的兩全之策。

這個機會還真來了。康居國公子與大月氏的公主定了親，定於六月中旬舉行盛大的婚禮，派人送來了請帖。白狐十分珍惜烏孫王提供的消息，立即派宋希帶兩個人回疏勒彙報，然後帶著剩餘的士兵，經康居往大月氏行進。他要以漢朝西域長史特別代表的身分，前往送禮祝賀。

康居國的關口官員得知情況後，特別疑惑，說道：「漢朝不是和我們康居關係不錯麼，你白狐以前還來借兵打姑墨來著，現在是康居公子娶大月氏公主，為何不把賀禮送到熟悉的男方家，偏要捨近求遠，送到女方家去。」

白狐說：「兄弟你這就不懂了，漢朝與康居關係不錯，但與大月氏更好，所以更要給女方長面子呢！反正這些都是嫁妝，最終還要陪嫁到康居的。」

路上，有隨從問白狐：「咱與大月氏啥時拉的關係，怎麼比康居還鐵呢？」

白狐狡黠地說：「班長史說了，兵不厭詐。你們到了大月氏，一切看我的眼色行事。」

日出日落，風吹草長。在墨綠色覆蓋草原的季節，白狐一行來到大月氏王國。大月氏人的祖先是古印歐系統的游牧民族，在大約西元前 2300 年的伊朗高原上出現，對當時兩河流域的文明搖籃巴比倫，造成了極大的威脅，甚至一度推翻了巴比倫王朝。但是這個不可一世的王朝，卻在西元前 2082 年被蘇美人征服，能殺的都被殺了，只有一些得到命運之神特別眷顧的人，僥倖逃離。這些幸運的逃難者離開巴比倫之後，一路東遷，大約在西元前 1000 年左右到達了塔里木盆地邊緣的綠洲，並迅速深入祁連山下的河西走廊。

在西漢張騫「鑿空西域」之前，月氏人已經開通了從于闐到河西走廊的「玉石之路」，將上好的于闐玉石運過來，然後運回中原的布匹、茶葉、絲綢、青銅器和瓷器，從中賺取利潤。此時的月氏空前強盛，他們趕走了居於敦煌附近的烏孫人，統一了河西，正式建都昭武城。秦始皇統一六國後，月氏「控弦十餘萬」，統轄的部落從河西走廊一直延伸到青海湖一帶的湟水流域。當時河套地區的匈奴單于頭曼，迫於月氏的壓力，不得不將兒子冒頓送去為質。

秦二世胡亥元年（前 209），質子冒頓偷了一批好馬，一路逃回匈奴，殺其父頭曼單于自立。匈奴在這位雄主的組織下，迅速強盛了起來，先後發動了幾次毀滅大月氏的戰爭。月氏的餘種拚命向西逃亡。

西漢前元四年（前 176），落腳天山以北和伊塞克湖流域。但這裡是被月氏趕走的烏孫人的新領地，烏孫人此時落井下石，聯合匈奴瘋狂攻擊大月氏，誓要大月氏亡國滅種。大月氏潰敗後集體南逃，來到阿姆河以北地區，由於與當地人很難相處，樹敵過多，漢武帝元朔五年（前 124）再次被趕到巴克特里亞安頓下來。

月氏民族是不甘寂寞的性格，一旦穩定，就迅速向周圍蠶食擴張，他們占領了包括今天的阿富汗和克什米爾一帶地區，兼併了大夏王朝，由五個翕侯分治。後來五翕侯中的貴霜翕侯閻膏珍兼併了其他四翕侯，統一了大月氏，國勢漸強，成了西域西南方一個大國，西方歷史上也稱之為貴霜王朝。

當白狐以漢朝西域長史特使的身分，彬彬有禮地晉見閻膏珍的時候，這個王朝對於漢朝的了解，只有兩百年前張騫兩次出使西域的傳說。白狐用流利的塞語回答國王的問題，連翻譯都不用，讓國王很震驚。問的都是中原經濟文化的事情，白狐也是娓娓道來，聽得主人目瞪口呆。瞅個空擋，白狐使個眼色，讓士兵抬上豐厚的賀禮，並擇主要禮品向其作以簡單介紹。

閻膏珍一下子眼睛瞪得老大，嘴巴也張了開來。賀禮中有幾匹刺繡的綢緞，王妃和公主都愛不釋手，一個個披在身上，擺出各種姿勢顯擺，與粗麻大布形成鮮明的對比，無形之中襯託了她們的美豔，樂得國王眼角掛花，離座上前，一件件摩挲著，欣賞著，一個勁兒稱讚漢朝的富庶和發達。

當下便說：「東方大國能這麼高看我大月氏，以後凡有吩咐，沒有不答應的。」還在款待白狐一行的宴會上，正式邀請白狐作為娘家的嘉賓出席公主的婚禮。

白狐的酒量非常了得，跟大月氏的官員們豪爽大飲，喝了一圈，也沒趴下。在一個崇武尚酒的國度，一下子贏得了一大片信任。他又是個走江湖的出身，不時使眼色讓底下的隨從贈給小錢，更是成了人人歡迎的角色。他也拿捏得當，推杯換盞間，突然顯得心事重重，引起了閻膏珍的擔心，問他是否身體不適。白狐搖搖頭說：「突然想起一件事，康居王派了幾千人在疏勒，保護廢王榆勒，與漢軍對峙。這個時候我出現在康居公子的婚禮上，是不是不太合適？」

閻膏珍聽了，沉吟一會兒說：「漢使能出現在我大月氏與康居聯姻的婚禮上，那是蓬蓽生輝，錦上添花，讓周圍這些國家都羨慕嫉妒恨的大面子，怎麼能不合適呢！再說，康居王這事做得欠考慮，真正的以私廢公。等見了面，本王一定勸他撤兵，沒必要為一個下野的疏勒王，壞了與漢朝的關係。」大月氏國那些大臣，聽見國王這麼說，也一個個附和，白狐的心就放下一半。

盤踞在卑闐城的康居王，早已得報，知道白狐往大月氏送禮，雖然心裡酸溜溜的，卻也高興，因為不管賀禮送到哪方，最終都是與雙方結好，所謂親戚的親戚也是親戚，朋友的朋友也是朋友。婚禮這天，先是酒宴。草原上搭建了不少臨時涼篷，只有頂，沒有裙圍，五顏六色的，如同開在綠草地上的鮮花。白狐緊挨著大月氏王閻膏珍，坐在最尊貴的主席，由康居王親自陪同。

席間，兩位國王高談闊論，天南地北，時而飲食男女，時而不著邊際，白狐不停地拉扯閻膏珍的腰帶，提醒他莫忘撤兵的事。可是閻膏珍似乎沒有在意，遲遲不往正題上引，急得白狐貓爪撓心，逮個機會就給康居王敬酒，提起上次借兵攻打姑墨的事，對康居王的慷慨和義氣表示衷心感謝。康居王第二次見白狐，自然不生疏，卻說了一句硬梆梆的話：「你們託小王爺帶來的謝禮，我也收到了，我們算是兩清，誰不欠誰。」

白狐一聽，壞了！康居王是故意要拉開同漢軍的距離，同咱敬而遠之，這樣還怎麼過話？於是他斟滿一觚，起身離席，走到康居王面前說：「康居王此話不妥。錢財乃身外之物，傳遞的無非是朋友之間的一種友誼。康居王對漢軍的幫助，那是路見不平，拔刀相助，情感滿滿，義薄雲天，豈是幾個臭錢所能購買的！就為這句話，康居王應該自罰一觚。」

大月氏王此時插話道：「親家，我看白譯長言之有理。康居與漢，關係悠長，康居王應該飲了這觚，本王作陪。」

康居王顯得有點尷尬，苦笑了兩聲，與親家公一齊飲下。白狐又轉而敬康居王的小王妃——米夏同父異母的妹妹。「當初小王妃突然出嫁康居，我未能相送，今天特借康居王一觚美酒，聊表祝賀之意。希望康居王和王妃一起喝個團圓酒，代表你們幸福美滿，團團圓圓。」

康居王和小王妃碰了一下，問她認不認識白狐。不等那青春年少的小王妃回答，白狐先說話了：「小王妃乃高貴少女，如何認得在下一個粗俗武夫！還是在班長史娶她的姐姐米夏公主時，見過一面，那時小王妃還很小，但從小就是個美人胚子，引人注目，所以在下是記得小王妃的。」

康居王見白狐如是說，又問白狐：「小王妃和她的姐姐哪個漂亮？」

白狐心想，這個問題可不敢隨便回答，說小王妃漂亮，康居王會在心裡嘲笑班超；說米夏漂亮，那不是打康居王的臉嘛！所以她耍了個滑頭。「在下欣賞兩位美人，就像看山頂的鮮花，只能遠遠仰望，看著養眼，其間的個中韻味，只有大王這樣身在山頂的貴人才能體會，哪裡是我等能看出的？不過，康居王和班長史是連襟，這卻是在下最清楚的。」

康居王不明白連襟的意思，白狐做了一番解釋，還用自己的長袍做比劃。康居王笑了：「原來是袷袢的兩片前襟，被後面看不見的地方連在一起，是一塊布的兩邊呀！」

白狐見康居王上道，就直奔主題：「連襟連襟，打斷骨頭連著筋，一家人不傷一家人。這雖然是中原的俗話，卻是做人的道理。可是康居大軍一直紮在疏勒，與漢軍對峙，要說打嘛，那小王爺和我等都是朋友，老好的朋友，一起打姑墨的戰友，相見雖然是不尷不尬的，朋友之間哪能動刀槍呢！可是不打呢，又是敵對的狀態，沒法來往，逢年過節，我想送點美酒都不方便。」

「親家就撤了兵吧，不要因小失大，傷了與東方帝國的和氣。」閻膏珍終於說了關鍵的話。他的面子不薄，或者說美人外交的魅力還是很大的。康居王早猜想有這一齣的，現在白狐和閻膏珍倆人一唱一和，他就不能不慎重處理。他特別感嘆漢軍的誠懇，稱讚白狐鍥而不捨的精神。可他也有難處，一邊是漢軍連襟，外加兒女親家，請求撤兵；一邊是翁婿關係，老丈人要求提供保護，這不是左右為難嗎？

白狐進一步指出：「榆勒叛漢已經不是第一次了，上次他自己下毒大姑莉，弄個假死，蒙蔽漢軍，想必小王妃也是知道的。班長史並沒有殺他，還讓他繼續當國王。可是他明裡歸漢，暗通龜茲，還與莎車勾結，想加害漢軍。此時長史大人仍然不想難為他的老丈人，準備讓他體面退位。俗話說有再一再二，沒有再三再四，長史大人已經仁至義盡，是榆勒自己突然分裂，自決於漢，長史大人還有點措手不及呢！」

康居王半天沒說話，只喝酒。連喝幾下，這才放下杯子。說：「班超這人是個英雄，也很是仁義，東漢王朝有這麼個人物經營西域，那是朝廷的福氣。就是當今的章皇帝，也太啬皮了，請他賞個美女，遲遲不給面子。以中國之大，有那麼難嗎？」

聽話聽音，康居王對得不到漢朝美女耿耿於懷，有怨氣，這是可以理解的。人都有奢望。天下想得到漢朝美女的人多了，哪能都如願呢！白狐這時就勸康居王：「大王稍安勿躁，和親這種事一定要水到渠成，倉促不得。再說大王雄霸一方，高高在上，血統高貴，身分特殊，不是隨便什麼美女都能適配的，還要看皇室有沒有合適的公主，年齡、身材、相貌、秉性，脾氣，各種條件都要對大王的胃口，這才是皇上權衡的關鍵所在。」

白狐這幾句恭維話，算是拍到馬屁股的最佳位置，無形之中把康居王頭頂的帽子加高了，讓人的虛榮心忽然得到昇華，一下子找到了雲裡霧裡的感覺，找到了被人仰望的自尊。原來好酒不怕存，好乳酪不怕放！康居王也回敬白狐，順便代轉班長史：他這人三個特點，一是喜歡美女，二是愛喝馬奶釀的好酒，三是敬重天下英雄。班超是個英雄，他其實也不想和他作對。正在說著，司儀官宣布婚禮進入下一個程序，觀看馬上叼羊比賽。

馬上叼羊，是西域牧區一項傳統的競技運動。只見一個老者將一隻去頭的整羊，放在不遠的草地上，然後吹一聲牛骨號，兩隊少年縱馬去搶，一隊馬頭上繫紅布子，一隊馬頭繫藍布子。那些少年馬術都很好，能一手抓鞍一手搶羊。羊很快被藍隊一個少年搶到，迅速傳給他的隊友，大家相互掩護，拚命向預定的「得勝點」奔跑。紅隊的人便使出渾身解數圍追堵截，總想從藍隊懷裡奪走果實。雙方騎手們盡使招數，大秀騎術，時而飛速馳騁，時而撕扯糾纏，把動物爭食的本能表演得淋漓盡致。看臺上的人也自覺分成了兩個陣營，有的為紅隊吶喊，有的為藍隊助威，還有的在押寶賭博，看誰能笑到最後。可是白狐還沒聽到康居王撤軍的確切承諾，哪有心思欣賞這撕扯搶奪的畫面，直到一個滿臉是血的少年，抱著被撕去一條腿的殘羊，欣喜地來到康居王面前，他才意識到比賽結束了。

得勝一方的選手，每人可以得到一匹馬的獎勵，而且馬鞭子由國王親授。獲獎的幾個少年，都可以請他們的家人一起分享榮譽。就在這個時候，一位身子略微前傾的中年婦人，進入了白狐的眼簾，她的臉色黑裡透紅，與頭上的紗巾幾乎分辨不清，以至於看不清鼻梁是高出來的，還是塌下去的。唯有一雙小鹿眼，在笑成一條縫隙之前，還看得見黑白閃動。她顯然很高興，上去吻了兒子的額頭，欣喜地站在兒子右邊，等著丈夫——一個黝黑粗壯的男人，站在兒子的左邊，他們還有兩個女兒，也都不超過十歲的樣子，怯怯地摸摸哥哥懷抱的殘羊，然後瞇著眼站在兩邊，看樣子是很幸福的一家。白虎一眼就認出：那被歲月的風雨沖刷得毫無性感可言的女主人，不正是他十多年前的相好麼？大凡有過耳鬢廝磨、床笫之歡的男女，不管過了多少年，總能在第一眼認出對方。由此推斷，那個壯實的半大小夥，不就是他十年來魂牽夢繞的兒子嗎？

白狐非常激動，很想離席上去，仔細看看兒子，但他沒有忘記自己的身分。他突然想了一個辦法，很認真地請求康居王，讓他和大月氏王各代授一條馬鞭，行嗎？康居王以為白狐心血來潮，圖個好玩，愉快地答應了。這樣，白狐就有機會和自己的兒子近距離見一面，聊解這些年的思念之苦。他仔細打量兒子，見他放下殘羊後，身板挺直，手臂腿都很長，胸肌隆起，體格健壯，個頭都快趕上他了；特別一雙狐眼，是他的絕對遺傳，在草原找不到第二個。問他名字，身邊的兩個妹妹搶著代答：巴圖！一副引以為傲的樣子，緊緊貼著哥哥。白狐看他們兄妹，這麼親密無間，又感動，又傷心。想到兒子都這麼大了，做父親的一丁點義務都未盡，不由得愧疚交加，心中騰起一陣酸楚，兩個眼眶酸得厲害。

父子之間的感情，不管以什麼方式表現，那都是真的，不會有半分假意。白狐其實很高興，畢竟是他的兒子長成一個響噹噹的男子漢了。對他來說，在這個世界上，還有比這個更重要的嗎？他慈愛地摸了摸兒子的腦袋，鄭重地將馬鞭遞給他，眼睛的餘光已經看見他當年的相好，一副誇張的表情，用手捂著嘴巴。他未敢對視，轉身與她的男人拉了拉手，道了聲祝賀。

康居王並未發現白狐有什麼不對勁，晚上的篝火舞會，還特意在他的坐塌上，安排兩個女人陪酒作樂。白狐心神不定，一會兒想康居王到底何時撤兵，自己何時能功德圓滿地離開，一會兒想兒子在幹什麼，他的氈房搭在何處，就把行樂的雅趣擱置腦後，急得那倆女人一會兒袒胸，一會兒露腿，一會兒在他身上亂摸亂揉。白狐本沒心情，又不好打發人走開，駁了主人的面子，就任她們折騰。一會兒前面伸過一隻大手，猛然抓起他的手臂，扯上就走。走出不遠，給他架到一匹馬上，加鞭就跑。

白狐突遇襲擊，心裡亂哄哄的，還沒顧上害怕，下意識蜷起身子。那黑影在馬背上按著他的後背，一陣涼風從耳邊刮過。不多時，他被摜在草地上，旁邊是一頂氈房，裡面有微弱的羊油燈光透出。他揉揉眼睛，迷濛中認出是自己的兒子，白天叼羊比賽的優勝者，由他授了馬鞭的。一下子放下心，沒有了剛才的恐懼。他被兒子推進氈房，看見那曾經與自己見了就想滾在一起的女人，正跪在地上，吃吃地抽泣，昏暗的燈光下，一頭褐黑的頭髮，幾乎包裹了整個臉頰，再也找不到當年的風韻。

女人是為躲避白狐逃到烏孫，又輾轉康居，生怕被他撞見，還是撞見了，這都是命。如今兒子也大了，白狐要想帶走的話，她同意，她的丈夫也同意。這時，白狐才注意到她的丈夫並不在氈房，兩個女兒也不在，兒子也出去了。白狐的心裡閃過一絲苦澀，想著自己辛苦大半生，至今孑然一身，要是有這麼個大兒子陪著，病痛時送碗水，閉眼時送個終，也不枉來過人世一趟；可當女人將兒子拱手讓給他時，他突然沒有了曾經的渴望，沒有了獲取的衝動。

理性告訴白狐，就這麼帶走兒子，對兒子、對兒子的母親都是極大的傷害，對他們眼下的五口之家，也是生生分拆的痛苦。而且，兒子能認他嗎？當兒子在盤橐城的院子裡碰到班勇，問到他這麼大的時候自己在幹什麼，如何來回答他？想到這裡，白狐釋然了，他挪近女人，想從女人的表情裡追憶一些美好的往事，誰知女人始終不抬頭，他也步入中年，難有早年的熱情了。

兩人靜靜地待了一會兒，兒子進來了，拖起白狐就往外走，一出氈房就將他推倒，等他爬起來再推倒，一連好幾次，嘴裡嗷嗷地叫著，要和他摔跤。他不應，兒子就騎在他身上，使勁地捶打，打得很痛。他不還手，反而笑了，躺在地上大笑，在悽悽的黑夜裡，在兒子雨點般拳頭的間隙。彷彿兒子是給他撓癢癢，樂到了他心底。他笑兒子就像一頭初生的牛犢，精力充沛，單純任性；笑自己這次重要的出使，來回走動，經歷奇特。更重要的是透過夜裡的相見，他的人生態度發生了巨大的改變：已經知道兒子的下落了，就讓他在自己熟悉的環境裡，好好地成長生活吧！

隨著氈房門扉一束亮光射出，兒子的母親來了，養父趕來了，那兩個小女孩也來了，一起拉起兒子，埋怨他，訓斥他，說他不該這樣對待自己的親生父親。白狐仍然笑著說沒事，還誇這小子手勁挺大的。起來後他向夫婦倆深深鞠了一躬，感謝他們含辛茹苦，替他撫養了一個好兒子。幾個大人正客氣敘話，突然一陣急促的馬蹄聲由遠而近，漸漸接近氈房，很快，一群火把照得氈房周圍如同白晝。

來了很多人，喊叫著捉拿刺客，要亂刀砍成肉泥，並把一家人團團圍住。巴圖撥開家人，往前一挺說：「人是我劫的，要殺要剮隨便，不要傷害我的家人。」

一個軍官模樣的人，走近巴圖，啪啪搧了兩大巴掌，命人帶走。白狐急了，趕忙出面阻攔。那軍官慌忙向他行禮，說是奉了國王之命，前來保護他，問他受到傷害沒有。他笑著說：「感謝康居王牽掛。我很好，非但沒有受到任何傷害，還和小夥子摔跤來。」見軍官半信半疑，他進一步解釋道：「這小夥子，就是白天叼羊比賽的贏家，抱羊的，小英雄，是我代表大王給授的馬鞭。這小子就是用國王獎勵的那匹馬，馱我過來的。是我自己想和小英雄摔跤，看他力氣長全沒有，沒承想，這臭小子一下子就把我摔倒了。」

康居人崇拜英雄，崇拜勝利者。摔跤對他們來說，既是競賽項目，也是交友的禮節。白狐是深諳這些風俗的，他這麼一說，盡最大努力保護了主人一家。軍官又看了看他滿身的草屑，一邊幫他拍打，一邊笑他竟敢和年輕人摔跤，也不看看自己多大年紀了。就在巴圖一家還沒從惶恐的氣氛中解脫的時候，白狐拉起兒子的手，從身上解下一塊玉珮塞給他，囑咐他長大後好好孝順父母，照顧妹妹，然後上了軍官牽來的馬。突然之間，巴圖的母親喊了一聲他的名字，拉住兒子，讓叫他一聲爸爸。

白狐的心忽地一下又熱了。爸爸，這個讓他感到十分陌生的稱呼，竟然要用到他身上了，能不讓這個四海為家的浪子激動嗎？他是多麼地想聽這一聲，不管是沙啞的，還是清亮的，或者雄渾粗壯，然後鄭重其事地答應。可是巴圖雙眼流淚，目光冷峻，嘴唇囁喏著，腮幫子也在動，任他母親百般央求，卻總也沒有啟唇。白狐看在眼裡，痛在心上，最後瞄了一眼氈房，長長地出了一口氣，帶著些許遺憾，默默地離開了。

篝火邊的歌舞還沒有結束，夜幕下的狂歡意猶未盡。康居王和大月氏王聽說了白狐的故事，都要為他賀喜，少不了一陣大喝，還要將巴圖和他的幾個隊友，通通招到王府的衛隊裡。白狐替孩子們謝過康居王，順便問及他回去覆命的日程。兩位國王哈哈大笑，原來他倆剛才打賭，白狐一見面就會問何時撤兵。

康居王說：「看在你為康居貢獻了一個好小子、好騎手的面子上，明兒就可派人隨你同行，但得把榆勒接到康居，畢竟翁婿一場，不忍被漢軍剁成肉泥。」

白狐沒想到會有這樣附帶條件的結果，事先也沒得到班超的授權，但如果不答應，就等於駁了康居王的面子，他就有可能立即反悔，這一趟的努力就等於白費，於是就自作一回主張，當面答應了。

白狐回到疏勒，已是元和二年七月下旬。康居人在烏即城住了一年多，雖不至挨餓受凍，供應卻時有緊張，又沒有廣袤的草原可供馳騁，就是去逛設在村裡的窯子，也是提心吊膽，因此早已怨聲載道，人心思歸。而他們的存在像癰疽一樣，讓班超坐臥不寧。白狐一回來，這個癰疽就算膿流痂結了。在漢軍舉行的送別宴上，小王爺說：「我開始就講了，我是康居王的一條狗。國王說咬誰就咬誰，國王說不咬了就夾住尾巴。我還認班長史是朋友。不過我來疏勒，損失了一千多人，回去不好交差。我想把榆勒身邊那幾百疏勒兵帶走，以彌補損失。」

班超示意坎墾起來反對。坎墾厲聲說道：「榆勒是疏勒的叛徒，本該在疏勒接受審判，現在康居王以親戚關係請求保護，我們可以網開一面。但那些軍人，本來是疏勒軍隊的一部分，被榆勒騙出去，現在應該歸隊，不能離開疏勒！」

小王爺還要堅持，白狐塞給他一包錢。小王爺立刻喜笑顏開，同意榆勒只帶他的女人和未成年小孩。

世上的事，很多時候都是錢財在發揮作用，不管你有多麼偉大，多麼高尚，嘴上說的友誼源遠流長，感情萬古長青，君子之交淡如水，鄰里只差拆了牆，實際上一旦離開金錢物質，許多感情都變得黯淡無光，友誼只剩下束之高閣的話題，說到具體事，往往是這不湊巧那不方便，能不見則不見，顧左右而言其他。國之相交如此，人之相交又有何異！但白狐那一包錢，不在長史府的預算之內，是怡紅院的老鴇為感謝他的幫助奉送的。白狐讓她在烏即城外開設的分院，刀口舔血，果然風險大利潤也高，賺了大錢。那些康居兵領的賣命錢，大部分都流到了妓院，換成一陣心猿意馬之後的喘氣之聲。白狐將這取之於康居兵的金錢，又還給康居小王爺，也算物歸原主，但一來一去之間的意義，卻完全變了味。

愛恨情仇，原是人世間最為複雜的東西。米夏聽說父親要帶母親她們流亡康居，心裡似有十五個吊桶打水——七上八下。自從榆勒二次叛漢，逃到烏即城後，她就沒了以往的笑容，整日裡提心吊膽，在班超面前說話也是格外小心，生怕那句話說得不合適，惹得丈夫生氣。她只想做個好女兒，好妻子，好母親，不想摻和男人們爭奪天下的鬥爭，但她無意中早已捲進了政治的漩渦，自拔不能，因為她的丈夫和父親，代表的是兩股力量。

米夏愛班超，是因為他帶給她和她們全家的榮譽、地位和幸福，有感恩的成分，也發自心裡。她也曾愛她的父親，是他給了自己寶貴的生命和成長期間的父愛，又讓她嫁了一個頂天立地的夫君。但是隨著父親與齊黎勾結與叛漢，她就覺得父親不再可愛，甚至令人討厭。儘管如此，她還是不希望這兩個人鬧翻，在兒子割禮之後她還試圖彌合兩人之間的裂痕。父親再一次令她失望了，他出爾反爾，二次叛漢，這就和丈夫成了仇敵，勢如水火，根本無法調和了。所以她自己也打不定主意，也許就是生離了，到底是該送他們遠行，還是乾脆不見，就此絕了念想？

「去吧，不管怎麼說，他畢竟是你的親人！」就在米夏十分矛盾的時候，聽到了班超的提醒。她突然眼眶一酸，喉頭一哽，伏在丈夫肩上，嗚嗚地哭了起來。似乎這一兩年來所承受的壓力，憋在心裡的委屈，透過眼淚和哭聲，通通都可以流瀉出來，讓她終於舒了一口悶氣。班超輕輕轉身，慢慢攬過米夏，拍了拍她的肩膀，勸了幾句。當米夏抬起頭的時候，班超猛然發現，她瘦了，有些憔悴，額頭的抬頭紋也深了，就有些心疼，覺得這一年多的時間忙於軍政要務，忽略了自己女人的存在，忽略了她作為愛妾和女兒，夾在他與榆勒的中間的作難。為了緩和氣氛，他喊來兒子，讓他哄哄媽媽。班勇怯怯地看著爸爸，問媽媽怎麼哭了。米夏摟過兒子，擦乾眼淚說：「沒哭，是眼裡進沙子了……」

經過協商，康居人走的時候，舉行一個簡單的送別儀式，還請來鼓樂隊，搞得挺熱烈。儀式由疏勒輔國侯厄普圖主持，徐幹代表班超講幾句話。基本意思就是康居一向與漢朝友善，康居王下令撤軍，是明智之舉。小王爺曾和漢軍並肩作戰，是好朋友，來疏勒雖然是讓親者痛、仇者快的事，是侵略，不太光彩，但今天離開，事情也就過去了，只要大家往前看，以後還能繼續做朋友。

康居小王爺臊得滿臉通紅，就順著徐幹的話說以後還做朋友。這當兒，米夏與母親抱在一起，哭成了一團。他的兩個哥哥一再勸榆勒，不要去康居寄人籬下，山高路遠，關礙阻隔，將來客死他鄉，無聲無息，不如給班超說幾句軟話，回家當醫生算了。榆勒好像心有不甘，不願認命，臉色鐵青，至始至終，一聲不吭。

誰也沒注意，米夏身邊的班勇，此刻成了一個人洩恨的目標，她的眼裡正噴射著狼一樣的凶光，那種光與她少婦的臉蛋極不相稱。只見她突然從身邊的士兵身上抽出馬刀，高高舉起，瘋狂地嚎叫著砍向了班勇。就在這千鈞一髮之際，白狐從旁邊閃出，奮力撲上去，雖然撲倒了發瘋的大姑莉，但她手中的馬刀已經飛了出去，鋒利的刀尖在班勇前胸劃了一道，從左上到右下，衣服割破了，頓時鮮血淋淋。米夏大叫一聲，抱起班勇拚命往家跑。

不等白狐翻身爬起，董健已經衝了上來，一把抓起惡毒的女人，推到榆勒面前，兩眼怒睜，死死地盯著，那眼神明白無誤地告訴對方：這個人作惡到頭，不能留了，是你殺還是我殺？榆勒把頭一低，嘆息一聲，埋怨她為何如此衝動，打了坐騎一鞭，自顧走了。那婦人估計死期到了，也不畏懼，大聲說道：「我和妹妹本來貴為莎車公主，無奈到了疏勒，一個被殺，一個還要流落他鄉，都是因為班超，所以要殺了班超的兒子，出了這口惡氣。現在我失手，那是天不相助，只好含恨與妹妹相聚九泉之下。」

等女人的話說完，董健當即成全了她，抓著腦袋一擰，鼻孔就不再出氣了。

送行儀式被惡性事件一攪，大家不歡而散。好在班勇傷口雖長，只是傷皮，不要緊，被醫官清洗後敷上靈藥，靜靜地躺著，這才讓米夏的心略略平定，對徐幹說：「班勇要有個好歹，我也不活了。」班勇的兩個舅舅隨後趕來，也陪在身邊。徐幹安慰一番米夏，又安慰她的兩個哥哥，不要受父親問題的影響，只要守法做事，沒人為難你們。

祭參和吉迪來了，一人扛了一塊大冰，上面還有泥巴，看樣子是從很深的地方挖出來的。夏季天熱，受傷的人最怕出汗。有這些大冰塊在房子裡降溫，情況就好多了。米夏很受感動，一邊掉眼淚一邊說：「班勇的這些叔叔，雖然沒一個姓班，但都是班家的親人。今天要不是白譯長，這孩子的命就沒了，想起來還後怕。那個該千刀萬剮的妖孽，說起來還是沾點親的，怎麼就那麼狠毒呢！大人之間的恩怨仇隙，為什麼要拿無辜的孩子出氣？」說著說著又哭了，大家好不容易才勸住。

班超第三天才回來。他沒有參加送康居人出境儀式，這幾天都與成大在烏即城，就戰後的生產和建設做籌劃。回來後見兒子無甚大礙，也就放了心。為表示對白狐的感謝，在家裡備了一桌酒菜，請漢軍的高級將領都來作陪。白狐說：「你要感謝我救班勇，咱這就喝。你要是感謝我出使成功，讓康居順利撤兵，那就發獎金，我可不喝你家裡的酒！」

班超無奈地笑笑：「你這老狐狸倒是公私分明。別看我給大月氏、康居、烏孫這些國王送禮很慷慨，其實我的心也在流血呢！那都是朝廷的錢財，老百姓的血汗，你以為我捨得啊？所以到自己弟兄，也就只能給朝廷制度之內的獎賞，別的卻沒有。儘管作為長官，我也知道對不住兄弟，你白狐幾次出使都是曠世奇功，換誰都是不能夠的，可是誰能體諒為兄的難處呢！」

白狐本來也就隨便一說，不想引出班超這麼多話來，知道長官心裡有自己，也就算了，人為財死不假，但人生也不光為財，還有一些比錢財更重要的東西，比如友誼，比如成功後的喜悅。於是他打趣道：「誰還指望從你長史大人這裡發財呀，大家圖個快樂而已！」

酒席還沒開始，李兗領來一個人了，是來自葫蘆谷的頭人。班超二話不說，直接延請入席。這頭人說一口莎車話，長得與且運也有些像，見了長史就要拜，被班超拉住了。「你們劫龜茲的糧草，幫了漢軍大忙，本長史還沒謝謝你們呢！」

頭人說：「酬金已經領過了，今次是要請長史給起個國名，響亮的。」原來葫蘆谷上次與龜茲人、康居人一槓，也算出了名。龜茲也找，莎車也找，拉他們加入。他們不願入這兩國，欲自己繼續獨立，也稱為國。

班超把目光看向和恭。和恭看出班超不支持，又不好直接拒絕，就借敬酒的機會說：「國王的名頭是好聽，但不好當。你們幾百人的小部落，以前不為人知，淹沒在黃沙大漠裡，沒人找你的事。你現在宣布立國，免不得與別人來往起糾葛。一旦別人打你，你是沒法應對的。」

頭人不以為然：「我們的谷口，陷阱重重，別人是進不去的。」

「你那陷阱，一萬人馬能填滿否，兩萬呢？」班超一聽頭人的話，覺得挺幼稚，就乾脆接過話。他這一問，頭人不吭氣了。他便繼續開導說：「說眼下的世界，聯合是潮流，強強聯合更顯強大，強弱聯合取長補短，弱弱聯合以求變強。你們上次幫了疏勒大忙，於疏勒有恩，不如就加入疏勒算了。這樣你也算有了靠山，疏勒也增加了策略縱深，倆好合一好，部落內部的事務還是你們自己說了算，該如何，還如何，萬一遭遇外寇，這邊還能提供保護，不比你自成一國好嗎？」

頭人聽了班超一番勸說，總算開了竅。一頓酒飯之後，就跟著祭參晉見疏勒王成大去了。

休妾

又是一年秋實之季，盤槖城裡洋溢著喜慶的氣氛。

朝廷派的一百名教書先生已經到達，一個個皂衣長衫，談吐儒雅。長史府熱情招待他們，用的蘆草湖當年收穫的糧食和瓜菜。這些來自全國各地的學究們細嚼慢嚥，讚不絕口，直誇西域的稻米香，瓜果甜，就是離家太遠了。班超與他們聊天說：「各位來傳播文化，代表的是大漢帝國，一舉一動都是要保持儒家風範，任重而道遠。不過想教好漢語，必須先學好塞語，了解當地的風俗習慣，否則很難解詞釋義，達到育人之目的。」

先生們覺得班長史言之有理，連孔老夫子都希望教學相長。於是在疏勒參觀了幾天，留下一些，大部分就被送到姑墨、于闐等地，幫助開設漢學館，為西域培養文化人才。護送先生的官吏不但送來朝廷的公文，還捎來班雄給父親的信，說他太學結業了，進入御史府做事，想在春節娶媳婦，祖母和母親都同意，請父親恩准。

捧著這封沉甸甸的家書，班超的心久久不能平靜。女方的父親是班固的同事，書香門第，那女孩兒雖未謀面，但看家人的意思，是十分的滿意。作為父親，他當然高興，沒有不同意的道理。只是他離家十多年，一晃孩子大了，成人了，要自己成家立業，讓他這個父親百感交集，嘆慨萬千。一絲與白狐相似的內疚，縈繞在心頭，遲遲排解不開。忽然間想起班雄小時候的許多往事，從呱呱墜地，到呀呀學語，六歲練功，七歲發蒙，有時一篇課文背不過，被他體罰不許進食，只好餓著肚子繼續背誦，一直到他認可。做母親的趁他不注意，偷偷送上一口吃的。他即使看見了，也裝作看不見。對孩子的教育，總是要嚴慈相濟呢！

記得有一次，班雄鼻青臉腫地訴委屈，說受了小朋友欺負。他這個當爹的不但沒有安慰，還狠狠地罵了一頓。他主張男子漢從小就要有底線，要自強自立，不許欺負別人，但也不能任人欺負，誰要打你，你就打他，狠勁打，只要不把人打傷就行。一定要讓對方明白你不是好惹的，惹了你沒有好果子吃。回家跟大人訴委屈告狀不是本事，大人也不會摻和小孩子的是非。

從那以後，班雄好像一下長大許多，即使和人打架受傷，弄得很狼狽，也是拾掇整齊才回家，生怕父母問起。他有時候也看見水莞兒在被窩偷偷啜泣，問急了才說孩子身上一處紅一處青，被誰家孩子打了。他這時就安慰妻子，男孩子打打鬧鬧、磕磕絆絆沒關係，打完轉身又好了，總要適應社會呢！妻子就嗔怪他，不是你身上掉下的肉，你就沒有那麼心疼！

唉，可憐的水莞兒，一個真正的賢妻良母！每當他左手牽著兒子，右手拉著女兒出門的時候，她的得意，她的顯擺，就像一樹花蕾沐春風，千般如意在臉上。彷彿她來到世間，不是為了自己過日子，純粹是為了給班家生兒育女，為人間傳遞香火，把母性的無私，詮釋得淋漓盡致。這麼一個上好的女人，卻在人生最解男女風情的年齡，撐著九六城那個院落，獨守寂寞的空房，起早貪黑，含辛茹苦地拉扯著一兒一女，給了孩子母性的溫暖，又替他承擔父親教育的責任。如今春秋似水，風華如煙，孩子從小苗變成大樹，妻子也該被歲月折磨老了。生活的重心轉移到下一代，人生的寄託也轉到子女身上，境未遷，時已過了……人其實是個很怪的物種，當你成日和家人相處在一起的時候，你可能會煩躁，會生氣，會嫌棄他這樣那樣的行為，而當你多少年見不到家人的時候，你又會懷想，會惦念，會記掛，心中浮現在一起的點點滴滴，就連那些惹你生氣發火的往事，也都成了幸福的回憶。班超突然失笑，覺得大丈夫立於天地之間，本來就是求取功名，甚至馬革裹屍，不必如此婆婆媽媽。孩子既已長大，就該有大人的作為，那些能夠自己做主的，就自行其是；不能自己做主的，有母親和祖母把關，還有伯父幫著，總不會亂了大局。他讓米夏查點一下，看家裡還有多少錢，捎一些回去，給孩子舉辦婚禮。

米夏的心很重，她覺得夫君的兒子娶親是終身大事，一定要辦得體面，不能讓水莞兒挑她的刺。她計劃了一筆費用，還想再給新媳婦買一對羊脂玉鐲子，給新郎官買一副玉珮。可是夫君一個人賺錢兩頭花，她又是個為面子啥都捨得的女人，家裡哪有多少積蓄！以前是有娘家貼補，不顯得緊巴，現在王宮易人，公主的名份雖沒廢，王府卻不再發給份例了，遇到大事，免不得捉襟見肘。但這個要強的女人，不想讓丈夫感到緊張，不想他為這些柴米油鹽的雜事分心，自己悄悄出門，向兩個哥哥求借去了。

米夏的兩個哥哥倒也慷慨，讓妹妹需要錢儘管開口，沒了王宮的顯赫背景，兄妹間一定要互相幫襯。老三還親自跑到于闐為她置辦，使得米夏十分感動。回來後，他的車行卻意外著火，損失慘重。看著滿院灰燼，米夏過意不去，後悔讓三哥去了于闐。三哥反安慰她說：「火燒財門開，壞事變好事。如今車行競爭激烈，一定是仇家跟我過不去。既然如此，我也不做了，乾脆改行經營鹽巴。」

鹽巴是王府特許經營項目，提供了相當一部分稅源，需要特別批文。米夏覺得愧對三哥，就陪著他去找成大。巧的是在王宮碰上戹普圖，這位輔國侯交代有司就辦了，叫她這點小事不用麻煩國王。

米夏帶著班勇，和三哥在王宮外面轉了半天，回想身為公子公主的日子，兄妹倆都無語了，只把心酸的眼淚往肚裡流。她到三哥那裡吃了點東西，趕緊往自己家趕，進門後發現班超一個人坐在炕邊，問她辦何事回來這麼晚。她開始吞吞吐吐，後來乾脆直言相告。班超一向不管家裡的瑣事，聽見落下饑荒，就覺得班雄婚禮的費用，用得太多了，嫌米夏過於手大。米夏說：「這些事你就不要管了，就是再緊，冬夏兩季，給老太太的孝敬錢，給姐姐的用度，都是不能少的，不能讓人家見不到你的人，連你的錢都見不到！」

遇上這麼個啥事都先想別人的女人，還有啥可挑剔的！班超語塞，搖搖頭，出門找徐幹去了。有一樁大事積壓已久，他要安排對漢軍進行塞語培訓的事。以前的漢使團成員塞語都不錯，後來徐幹和和恭帶來的大軍，一直忙於戰事和屯田，還沒來得及培訓。如不補課，以後在這裡公幹生活都不方便。徐幹提議先突擊培訓一段時間，然後將漢軍和疏勒軍混編，吃住在一起，不出一年，肯定雙方語言都能互通。班超覺得好是好，但牽扯到朝廷和地方的關係，需要和成大商量一下。正好疏勒的第一所漢語公學要開館，他們和成大等人都出席祝賀，這事一說就通。

但是對一幫出身地皮流氓的死囚犯來說，讓他們當兵打仗容易，要他們的命也不難，要他們學文化學語言，卻是千難萬難。徐幹的嘴皮都快磨破了，還有一小部分人總是猴的屁股——坐不住。那個奸人女子幸得留命的狗剩，三天只學會一句罵人的話，還帶頭起鬨：「學刀學槍為打仗，學這勞什子話，有個球毬的用！」

班超知道後，冷冷地笑了。「哼！沒用？本長史倒要看看，你不會說塞語能不能活命！」

這天，班超讓白狐聯繫到北部一個偏遠的部落，沒有人會說漢語的地方，拉了幾十個不願學語言的士兵過去，就地一扔，讓他們自己生存。去時不帶任何武器，只帶了五天乾糧，向當地居民交代，凡不會講塞語的一律不許接濟，誰接濟處罰誰。那些人乾糧袋吃空後，紛紛跑出去乞討，手裡比劃，嘴裡烏拉，居民聽不懂就擺手，或者直接關門。

到了第八天，假司馬和恭與白狐這才帶人趕去，那些人已經餓得前心貼著後心，雙腿發軟，眼前冒金星了。和恭說：「各位兄弟，我不是來送飯的，而是來教你們自救的。白譯長準備了三句討飯的話，你們學會了，就能討到吃的，學不會就繼續餓著。」

話音剛落，呼啦啦一片都過來了，誰還再敢不學，就只等著餓死。白狐教了三句話，一個個竟然很快學會。和恭令他們向幾戶門口掛牌子的居民討飯去，饢餅就放在這些居民家，會說一句兩句的發一個，會三句話的發兩個。結果這些人都領到兩塊饢餅，再也不說學塞語沒有用了。

半年以後，所有漢軍都能用塞語進行日常會話，長史府進攻莎車的戰役方案也編制完成。班超信心滿滿，與徐幹輪流坐在鞦韆上徘徊，一起回憶幼時打鞦韆的往事，感嘆歲月飛逝，少年變老翁。忽聞榆勒從康居王那裡借了兩千騎兵，占據了損中城，讓人感到非常意外。

損中是個部落王城，在赤水河的上游，西距疏勒城一百三十多里，只有一千一百居民。西漢時，這裡曾稱捐毒國，王治所在的衍敦谷在山谷裡頭。王莽時代被疏勒吞併，在山外的損中建城，衍敦谷逐漸廢棄。榆勒是在夜裡突然衝進小城的，前來報信的人已經回不去了。

進攻莎車的計畫只好延後，迫切需要解決的是損中。班超立即召集軍事會議，商討對策。董健一見白狐，就埋怨他與康居王談判時留下後患，致有榆勒再次襲擾。白狐根本不服氣，激董健有本事你談去！倆人唇槍舌戰，誰也說服不了誰。班超好不容易勸住，強調白狐已經盡了最大努力。新任的參軍長吏祭參說：「以前我們跟長史大人多用火攻，自從宋希獻了斷水之計，我們的手段又多了一水攻。損中城就在河邊，不如在赤水上游築壩，引河改道，沖了城牆下的沙土，城牆自然坍塌，然後衝進城去，以優勢兵力圍殲康居兵，陳竹在胸。」

和恭兼任新組建的步兵統領，自告奮勇去築壩。董健、田慮和甘英的三個騎兵部，就等著城坍後衝鋒。班超見大家沒有異議，就令連夜準備，天亮行動。

可是班超剛剛躺下，就聽到一陣敲門聲。他披衣起床，傭人已經開了門。李兗在外面，卻不進來，示意長官到外面說話。班超知道這小子靈光，就跟出去老遠。李兗這才說：「榆勒派人送口信，說他是來投誠的，否則不會只帶兩千人。」

班超令將信使帶到公事房，仔細盤問。答說榆勒寄居在康居王籬下，多有不便，悔不該和龜茲莎車攪在一起，現在就想在疏勒當個部落王，一切都聽疏勒王成大的，請求長史大人看在翁婿情誼上，讓他來交降書。班超一時難辨真假，就與信使約定，三日後來降，以便有時間打探虛實。送走信使後，他在炕上翻來覆去，再也無法入睡。米夏也被折騰醒了，問他為何心事重重。他覺得榆勒的事情終究隱瞞不住，就實話實說。

米夏聽了，見是敏感事件，不敢隨便議論。躺了一會兒，半天睡不著，想起一個分散注意力的催眠法，就爬起來吻丈夫的脖子。她才二十七、二十八歲，精力十分旺盛，生了班勇後一直沒懷上，也是她的心病。她去雷音寺的左偏殿求子，主持說菩薩體恤黔首，求子必給，那是不計血統，但公主乃大貴眷屬，血統珍貴，卻是不能亂給。她看了好多醫生，都說她的身體沒有問題。那就是雨露滋潤的問題了，她就一心想多找點機會，爭取再生個女兒，也好兒女雙全，在人前有面子。

班超也是奇怪，夫妻間的事情，雖沒達到徐幹所說的標準，也不差多少，竟然沒有種子再發芽，所以也是來者不拒，任婦人演了一出龍鳳顛倒的遊戲。畢竟五十有四了，一陣愜意之後，班超便呼呼大睡。夢裡碰見周公，正領著一群衣袂飄飄的仙子，踏雲而來，說：「漢軍遠征西域辛苦了，老天爺給每人配一個美女，以為獎勵。」

周公一生輔佐武王伐紂，制定天下禮制規矩，乃井田制和嫡長子繼承大統的創始人，是黃帝之後、孔子之前，於中國有大關係的唯一之人，集大德大功大治於一身（賈誼）。「周公吐哺」，「懲前毖後」，都是他的故事。他還規定男女在結婚前不能隨便發生性關係，除非到結婚當天，這才有了以後各式各樣的婚禮。後來人們說這個叫「周公之禮」，有時也指夫妻之外的男女性愛。可是今天這老爺子好像換了一個人，不堅持他那些老規矩了，也不管他同意不同意，就將大手一揚，美女便像花瓣雨一樣飄落下來。一時間雲鬢花顏，金步輕搖，一人挽上一個士兵，通通進到芙蓉帳裡，喜度春宵。日月苦短，春宵漫長，十天十夜不出來。

班超急了，擔心男人陽氣耗盡，成了虛弱綿軟的軀殼，難以縱馬殺敵，他這支隊伍就廢了。誰知那些石榴裙下鑽出來的士兵，竟然像是汲取了天地日月之精華，一個個變得高大健碩，力能拔山，氣能蓋世，更重要的是額頭都長了兩個大包，左邊主速度，右邊主高度，裡頭蘊藏了無窮的能量，跳則幾丈之高，行則千里之遙，把那千里馬都比得遜色。有一個士兵抓一把石子蹦到雲端，撒下來就砸死一片敵人，看得他眼花撩亂，驚心動魄，心想如此神兵，怎不戰無不勝？

看著被周公老爺再造的漢軍雄師，班超感到不可思議，四下裡尋找徐幹，想把這天降的新鮮事物同他分享。倏忽間一頂圓形的紗帳被祥雲緩緩托起，在天地之間從容飛行，似大鵬一樣，忽而與鳥群為伍，忽而與彩虹為伴，忽而與桂花樹下的嫦娥擦肩而過，忽而又去問候蒼穹裡閃光的星星。透過薄薄的紗幔，隱約看見徐幹青春煥發，與一霓裳羽衣的曼妙仙子，盤腿對坐，談笑風生，眉梢脈脈，眼角含情，舉杯邀月，笑飲成雙，一副天人一體的超凡脫俗。把他家的，徐老弟怎能如此逍遙呢！

坐在炕邊的徐幹，聽見班超說他，也不知是夢話還是真話，就使勁拉起師兄，問他如何逍遙了。他本來有緊急軍情，看師兄破天荒遲遲未起，打發李克探了兩次，最後乾脆自己來找。班超揉揉惺忪的睡眼說：「兄弟你太厲害了，剛才和仙女在一起喝酒，眉來眼去，羨煞老兄了！」

徐幹知道他剛出夢境，趕緊拿塊溼毛巾幫他擦臉。邊擦邊說：「師兄啊，你老夫少妻一夜繾綣，卻拿幹靠的兄弟開涮，太不厚道了！」回頭看米夏並未進來，還在外面陪班勇練拳，又附耳低語道：「成大留在尉頭的部隊來報，龜茲騎兵三千人，正向黑白山附近移動。」

班超這下徹底告別周公，盯了徐幹一眼，讓他通知將領開會，自己喝口水就到。

根據種種情況分析，龜茲軍隊顯然是配合榆勒行動，而榆勒是假投降，完全是玩陰的。但是對榆勒的處置，將領們還有顧慮。班超理解大家投鼠忌器，但不能因私廢公。他突然拍案而起，嚴正指出：「榆勒不同於兜題，他是我們擁立的國王，一開始也真心附漢，做了一些利國利民的事情；自從上了齊黎的賊船，就在錯誤的道路上漸行漸遠，以至於公然反叛割據，兩次借康居兵與我們為敵，惡果昭彰，影響極大，一遭能饒，二遭可饒，三遭還能饒他麼？就是人想饒他，天都不容了，這是底線。不如我們就順著他的計策，設個『鴻門宴』，將計就計，堅決除了這個毒瘤。」

眼睛一睜一閉，再一睜一閉，約定的日子就到了。榆勒帶了三十六個人，一水的女人，身材高挑，長裙柳腰，一個個打扮齊整，頭上還彆著長長的羽毛。李兗攔在門口，只許榆勒一人進去。榆勒強調三十六個美女是獻舞唱歌的，準備送給長史府，紀念班超當初率領三十六騎闖西域。李兗看到確實有人懷抱樂器，一時拿不準，就去請示班超。班超想了想，榆勒也是動了心思，竟然能想出三十六這個數字，恐怕都是項莊的角色，只是換成了牝馬。就讓李兗仔細布置，放人進來。

榆勒見班超旁邊只站個李兗，露出了一絲狡黠的微笑。「吾與賢婿的過結，都是因為莎車王齊黎挑唆所致，今天就先道個歉，前事一筆勾銷，我們立個城下之盟，今後只希望安居一隅了。」

鬼才信！

會見在新蓋的會客大廳舉行。這座建築是根據高子陵的建議修建的，大廳足可容納三百人聚會、餐飲，有主席臺，有側廊。在主席臺的對面還有觀摩臺，高高在上，相當於戲園子的包廂。李究事先在觀摩臺拉了圍幔，布置了一百名弓弩手，又在大廳外潛伏了一百名刀劍手，等於布下了捉拿榆勒的天羅地網。所以班超看起來頗為從容，以禮與榆勒在主席臺上坐定，說：「前王願意痛定思痛，痛改前非，痛下決心，重新過回太平日子，本長史非常高興。」他一連說了三個「痛」字，實際上是自己心痛，痛的是人心叵測，痛的是人性多變，痛的是對方從友到敵、從親到仇，整個過程都是在自己眼皮底下發生的，他竟無法改變現實。

酒菜都擺置上來了，其中有一道芫荽拌蔥頭，是榆勒最喜歡吃的，說是能清腸利血，班超特意讓前國王先嘗嘗，看看榆勒的花招如何玩。榆勒嘗了一口說好吃，然後擊掌三下，便有十二個隨女盤腿而坐，奏起康居的胡旋舞曲。音樂一起，二十四位寬袖長裙、佩戴高高羽毛頭飾的康居女人，急速地舞蹈起來。這康居的胡旋舞美名在外，曾經在西漢的皇宮上演，當年迷倒了漢庭的王公大臣，據說在好長一段時間，人們津津樂道的，一直是胡璇的美，就連後宮的嬪妃，也爭相模仿。

胡旋舞的特點是不停地旋轉，好像雪花在空中飄搖，又似蓬草迎風飛舞，連飛奔的車輪都覺得比她緩慢，就是急速的旋風也遜色許多。舞女們左旋右旋不知疲倦，千圈萬周轉個不停。由於轉的速度太快了，觀眾幾乎不能看出舞者的臉和背。所以六百年後的唐代大文豪白居易，才大為感嘆：「左旋右轉不知疲」，「人間物類無可比」。

班超在與楡勒對飲中，警惕之心一直沒有放鬆，心想楡勒明明是想借獻舞來刺殺他的，怎麼還不動手，而這麼長時間舞下去，怕是要他忘情。因為他發現這胡旋舞與莎車舞，還是有很大的差別，莎車舞伴歌，胡旋舞不伴，莎車舞也轉，但轉不了這麼快，這麼急，這麼連環。

正亂著，李兗叫停了舞蹈，向班超請示道：「光有女人舞太單調，不如讓漢軍的男子加入其中，男女對舞，豈不更有趣？」

「很好！」班超當即贊同。楡勒也欣然同意，這是班超事先未能料到的。李兗也擊掌三下，就有二十四個士兵進來，與康居女對舞，節奏顯然沒有剛才那麼急促，隊形也顯得整齊有序。

楡勒一看，如坐針氈，慌亂地端起一觚酒，招呼一個舞女上來敬班超，自己躲在一旁。那舞女跪著敬酒，眼巴巴望著西域長史，似乎一臉虔誠。而就在這時，音樂戛然驟停，那十二個樂手拉琴的弓突然都搭上箭，一起向臺上的班超瞄準。說時遲，那時快，觀摩臺上的士兵迅速拉開帷幔，弩箭齊發，十二個扮成樂手的康居女刺客，瞬間倒下，似乎動作還很整齊，一律是右肩先著地，跟訓練過似的。緊接著，那些跳舞的胡璇女，也通通被李兗安排的男舞伴給掐死了。明亮的會議大廳，一時間花顏隕落，羅釵僕地，成了屠宰康居美女的血腥之場。楡勒陰謀敗露，大敗虧輸，大驚失色，知道大勢已去，絕望地仰天長嘆：「天啊，神啊，為什麼天不助我！」

班超早已按捺不住，雙目怒睜，迅速起身揪住楡勒，指著鼻子怒斥道：「我立你為疏勒王，代你奏請，得受冊封，浩蕩天恩，不思圖報，反敢受莎車煽惑，背叛天朝，擅離國土，罪一；你盜據烏即城，以嫁女換來康居大軍，負險自固，我軍臨城聲討，汝不知愧謝，抗拒至半年有餘，罪二；你復辟不成，既至康居，卻又死灰復燃，竟敢借兵占據損中，罪三；今又詐稱願降，投書誑我，意圖乘我不備，取我首級，然後與龜茲內外夾攻，罪四。有此四罪，殺有餘辜，天網昭彰，自來送死，你也不用呼天喊地了！」

這一席審判，罵得榆勒啞口無言。這個一再出爾反爾的反動傢伙，知道自己的死期到了，臉上寫滿了驚駭。班超考慮到翁婿關係，想留點體面，就把手一鬆，示意李兗遞給榆勒一把短劍，由其自行了斷。誰知榆勒接了劍，竟露出一副凶相，突然跳起來，一步步向班超逼近，試圖親手劫持班超。是可忍，孰不可忍！

李兗早招呼衛士圍了上來，刀劍直指榆勒。班超示意他們退下，反而盤腿端坐，端起酒觚，目無旁物，待榆勒要來突刺，猛然將手中的酒觚摔過去，不偏不倚，正中榆勒的腦門，瞬間腦漿噴湧而出。手一鬆，短劍已然落地，肥碩的身子趔趄幾下，嘴唇抽了一陣，終究沒有發出聲音，便仰躺倒地，到九泉之下的溫柔鄉裡，找齊黎送給他的大姑莉去了。

就在班超與榆勒在胡旋舞的韻律中鬥法之時，徐幹率領的漢軍和疏勒軍提前布設，合併作戰，等榆勒一出城就合龍水壩，水淹損中，逼得康居兵出城作戰。漢軍將戰車列在城門外，步兵藏在戰車裡發弩射箭，康居兵一出城先被射倒一批，衝過去的騎兵被四千大軍分割圍剿，直殺得乾乾淨淨。殺紅了眼的士兵，連裹挾在隊伍裡的一群女眷也砍了，只留下一個屢次領兵與漢軍打交道的小部落王，跪地求饒。

白狐念起以往的交情，有心饒其一命，讓他回去告訴康居王，再敢助紂為虐，都是有來無回。

但是不等白狐開口，董健手起刀落，那小部落王的人頭已經滾在地上。白狐一聲嘆息，也只好讓康居王自己算帳，是榆勒的小女兒值錢，還是他這兩千騎兵值錢？也不知康居王是否感受到白狐的提醒，有士兵抓來了一個六七歲的小孩，說是被一夥死女人壓在身下，打掃戰場搜出來的。白狐認得是大姑莉為榆勒生的兒子，名叫葛季，與徐幹交換一下眼色，就帶回來了。

榆勒既死，已經運動到尉頭邊境的龜茲兵無功自撤。疏勒城裡卻為榆勒的下葬問題，遲遲做不出決議。一種意見是歷史地看待榆勒，功績歸功績，罪惡歸罪惡，按退位國王禮葬，這樣家屬子女還可以得到一些利益；還有一種聲音是榆勒再三反叛，已撤銷王號，死有餘辜，應梟首懸城，然後交由家人自葬。雙方各執己見，誰也說服不了誰。

米夏父母雙亡，姨娘也死了一群，心裡悲痛萬分，只急著讓亡人入土為安，不等做出決議，就同兄弟家人速速埋葬了。後來成大支持懲罰從嚴，喪葬從寬，終於有了定論，卻是為時已晚。班超其實贊成成大的觀點，但有意迴避，始終沒有發話。等到三七之日，他覺得撇開自己的職務身分，還是應該盡一次人婿之禮，於是披著月色，自行去墓地祭奠。

這是一片公墓，坐落在通往損中的大戈壁，距離城區較遠，當地人稱為麻扎，橫七豎八堆起的墳頭，與一簇簇紅柳和駱駝刺相間為鄰，在月光下竟朦朧成一片，幾乎分不清哪些是有生命的植物，哪些是毫無生氣的墓塚。榆勒的墓被四個妻妾的墓圍著，墓前擺著不少貢品，有些水果還是新鮮的，看來當天有人祭奠過。

班超點上蠟，燒燃香，灑奠酒，恭恭敬敬磕了三個頭，然後盤腿坐在地上，倒了兩觚酒，一觚擺在墓前，一觚自己端著，飲了再斟，斟了再飲，把和這位前國王的翁婿恩怨、愛恨情仇，從前到後細細想了一遍，彷彿那城牆上介紹《西域的月兒》的情景，如同剛剛發生。人活著的時候有好有壞，死了之後，一了百了，就什麼責任都不承載了。他在心裡默默祝願老丈人，在那邊就好好當自己的醫生吧，治病療傷在哪裡都是積德行善的義舉。而丈母娘的死純屬誤殺，但在殲敵兩千、自死八百的戰場上，這個也不能計較了。

一陣夜風來，吹來一個老者，腰身有些佝僂，月色裹著一臉清矍，長鬚顯然比月光更白。問了高壽，說他出生在太陽落山的時候，何年何月卻不記得。「記那個又有何用？人不管活一百歲，還是活五十歲，到頭來都是仰面朝天一躺，看星星，看月亮，聽天地的風聲雨聲，聽人間的悲歡離合，再也沒有了評判的資格，難道有什麼不一樣嗎？」

聽這話的口氣，已經是超凡脫俗的談吐，不由得班超把他仔細打量，頭髮、眉毛也都是白的，眼裡還閃著遲暮的光。老者不請自坐，端起獻給亡人的酒，一飲而盡。然後說：「老叟知道班長史的身分，而且我還知道榆勒的死，是班大人一手造成的。」

老者竟然如此認定，肯定是個有見識的，不管他是偏見還是正見。作為當事人，班超都願聞其詳，雖然他心有不悅，而且感到吃驚。老者又飲了一觚，改用漢語說了前漢韓信的故事，成也蕭何，敗也蕭何。繼而引申到榆勒，是王也班超，亡也班超。只不過這「王」與「亡」，一個是生，一個是死，一個高高在上，富貴一時，一個低低在下，寂寞永遠。假使沒有班超的到來，榆勒還在行醫，他是一位受人尊敬的名醫，就憑他的手藝，保證一家日子小康，無甚大憂大慮，絕不會遭此大禍。一旦當上國王，成天見到的都是笑臉，聽到的都是奉承，在別人感恩戴德中領略成功，在權力的應用中體會快樂，他漸漸就沒有了自控力，野心無限膨脹了。所以環境成就人，環境也作踐人。同樣的人，進了不同的環境，接觸到不同的人，他就變了。這也就是班超光管扶持，扶持起來後不加引導監察的惡果。光武帝搞的監察御史制度，其實是有它的可取之處的。

見班超靜靜地聽著，老者用酒潤了潤發乾的嘴唇，繼續說道：「當莎車王齊黎要和這座墳墓的主人，一起分享天山南道的時候，他就覺得你不再是保護傘，而成了制約他的羈絆。他不想和你作對，又不能避免和你作對，這就一步步走到了仇敵的境地，最後想用計殺了你，反倒弄巧成拙，自己死在你手裡，你能否認這個事實嗎？其實，在想過好日子的百姓那裡，歸了漢日子有大希望，生活有好滋味，是人心所向，與匈奴的統治是天壤之別。但在只考慮個人慾望的國王心裡，歸漢歸匈無所謂，他要的是版圖，是人口，是軍隊，是霸道，是與外國交往時的話語權。這與大漢穩定西域的政策是背道而馳的，所以他死在你手裡，也是罪有應得，不值得同情和憐憫。」

夜風變涼了，地氣也在冷卻。湊熱鬧的促織和土螞蚱漸漸遠去，只有土蜥蜴還對人抱有警惕。燒酒的味道有點苦，但含在嘴裡咂摸一會兒，就變得醇洌，柔潤。班超一直在想老人的來歷，以至於老人家早已離開，他還沉浸在榆勒的成敗生死裡。遠遠守在一旁的李兗等衛士，悄悄過來扶他，請他回府。

夜，已經深了。班超揉揉略微發麻的左腿，起身向一處微弱的亮光走去。那裡有一顆樹冠很大的榆樹，樹下支著一口鍋，灶膛裡火焰很小，甚至只有闇火，鍋裡卻咕咕嘟嘟，沿鍋蓋一圈冒著團團蒸汽。在距鍋臺一丈來遠的地方，有一處未封閉的墳墓，半是三尺深的地穴，半是土坯砌的矮牆和穹頂，一律抹得平整光潔，足見主人是一個很講究生活品味的人。三塊木板基本與地架平，一席鋪蓋半卷，老者半蜷著躺在裡面。牆洞裡的燈盞，散發著濃郁的羊羶味。

此情此景，讓人覺得人之生死，其實就差封堵墓門的那一道牆。那道牆開著，哪怕你睡在簡陋的墓裡，你仍然是一個鮮活的生命，能夠評判世間的風雲變幻，那道牆堵了，即使裡面堂皇如瓊樓玉宇，那也只是一具冰冷的屍體。班超這麼想著，默默地站了一會兒，聽著老人鼾聲均勻，就打開鍋蓋，看見慢滾的鍋裡，煮著各式各樣的原糧，有整粒的小麥，帶皮的稻穀，胡麻子，黑豆，還有幾種穀物難以辨別清楚，混在一起有一種原始的飯香。他輕輕蓋上鍋蓋，問李兗身上帶沒帶錢。李兗將所有人身上的錢湊在一起，也沒有多少。他又改變了主意，讓李兗以後每十天給老人送一些吃的。

回到長史府，已是半夜。米夏和兒子都睡了，只有傭人還在等著為他開門。班超草草洗了洗，自己睡在客房，躺在炕上卻閉不上眼，心裡還在想著那個看墓的老者，回味那一口略帶長安口音的漢語，判定那一定是個有故事的人。輾轉到了天亮，米夏帶著班勇出去練拳，朝食也不和他一起吃。這種情況已經不是一天兩天了，他理解米夏的感受，畢竟她突然失去雙親，而父親死在丈夫手裡。她也認為父親該死，死在誰手裡她都能接受，唯一不能接受的是被丈夫親手殺死。她質問他手下幾千兵馬，難道無一將可用，非要自己動手？她一看見他就渾身發抖，心口發酸，不由得就想起自己死未瞑目的父親。

班超看著彆扭，曾送米夏帶著兒子到哥哥家去住。但她在哥哥家住了兩天就回來了。成天與哥嫂相見，還有一個生活在戰爭陰影中的小弟弟葛季，每每想起父母，除了埋怨就是哭泣，院子裡沒有一絲兒活力。班超又請徐幹和白狐去勸慰，還讓田慮的妻子陪伴開解，統是沒有作用。

俗話說心病只能心藥醫，心藥在哪裡，誰也找不到，只能寄望於時間這副慢藥，醫好米夏心頭的創傷，讓她從彆扭中拔出腳來。但幾個月過去，她非但沒有好轉，甚至連話都懶得和班超說。終於有一天，她要求給他一張休書，怕再這樣下去她就瘋了。班超強壓著一腔怨氣，勸她，罵她，甚至想搧她一個耳光，舉起的手被她無助的眼神盯著，又放下了。既然事情沒有迴轉的餘地，他一氣之下，真把休書寫了。

那個曾經被姑墨人羡慕的女人，終於離開了讓人羡慕的丈夫，搬出盤橐城，到哥哥家旁邊的一個小院，過眼不見心不煩的日子去了。班超狠心扣下兒子，讓她隻身出門。米夏低著頭，臨出門含淚瞟了班超一眼。班超心裡格愣一下，又讓兒子跟著走了。從此以後，過慣了妻小繞身生活的將兵長史，辦完公事回到家，聽不到熟悉的問候，看不見熟悉的笑容，只有米夏留給他的一個老媽子，照顧他的日常起居。每日裡飯菜還是那些飯菜，燒酒也還是那些燒酒，卻沒有了以往的味道，似乎什麼都是苦的。隔三差五邀來徐幹，飲酒憶舊，把小時候那些陳芝麻爛穀子，一遍一遍拿出來絮叨。

冬夜綿綿，孤枕冷被，班超一個人躺在炕上睡不著，就把米夏的好處，一一地想了起來。他覺得榆勒千錯萬錯，把米夏嫁給他絕對沒錯，這個女人顛覆了他心中的淑女形象，潑辣，直率，大方，孝親，顧面子，想他人，從不小心眼，斤斤計較，是她把他領進了性愛的新天地，每一次肢體語言都充滿趣味，從溫柔又不乏野性的挑逗之聲，到溫軟而富有彈性的胴體依偎，再到溫情脈脈的眼神，以及掏完耳屎在他耳邊吹氣，都是刻在骨子裡的記憶。最深刻的印象是在被窩裡，那個不害羞地問他和水莞兒鑽被窩的情形，誰的動作如何，誰的叫床聲音如何。他不好意思，她卻纏著要聽，但從不讓他兩相比較，那是不想難為他，也是為自己留面子。

人性裡頭原始的東西，都是具有普遍性的，它不因為你是高官貴胄就泯滅，也不因為你是奴僕下人就氾濫。作為一個正常的男人，班超在想起自己的女人時，無意間陽體雄起，渾身都要膨脹了。他閉上眼睛，心思飛到廣闊的草原，藍天飄白雲，牛羊吃嫩草，好不容易壓抑下去。卻夢見水莞兒來西域探親，還是新婚時的模樣，還是一臉的嬌羞，被他粗獷地抱進臥房，一層層扒去包裝，就剩下肌膚的雪白，和一臉的紅暈，他的熱血沸騰了，頓時與之合為一體……偏偏次日傭人想曝晒被褥，發現上下都是圖斑，怔怔地看了半天，趕緊拆洗更換。哺食之後，請假回家，趕天黑領來自家外甥女，梳洗打扮一番，脫得乾乾淨淨，悄悄送入被窩。等班超從城牆上巡視下來，殷勤照顧盥洗，還特意打了一盆熱水，放在房中備用。因為燈光昏暗，班超也沒注意，及至要上炕，才發現一個水靈俊俏的女孩子臉，擱在枕頭上，正羞澀地望著自己，嬌小的身體蜷縮在被窩裡。他以為又回到溫宿草原的帳篷，嚇了一跳，趕緊提上褲子，穿上棉襖，退出臥房，呼叫傭人，詢問緣故。

老媽子卻也鎮靜，作了詳細解釋。核心問題，都是那被褥上的體液惹的事。班超羞啟隱私，連連擺手，一再說使不得。露水夫妻的事情他不做了，再行納妾他不想了，一個米夏就弄得雞飛狗跳，進攻莎車的戰役近在眼前，他哪裡還有精力再應付一個！傭人看他態度堅決，突然跪下說：「一個黃花大閨女，出脫得也算水靈，年方二八，身子已經被大人看見了，傳揚出去，以後也不好嫁人，不如大人就收在家裡，不要名分，就是做點灑掃洗涮的事情也成。只要大人高興，隨時都能暖被窩的。要是生下一男半女，也是大人老來得子的福氣。」

老媽子越扯越遠，一臉虔誠。班超讓他起來，說道：「你傻啊，你不說誰知道！再說我連被子都沒揭，看什麼看！趕緊弄起來，拿點錢，給人送出去，免得耽誤孩子終身！」

那老婦人本來也沒有壞心，既是為了東家長官，也是為了自家親戚，以為老牛見了嫩草，哪有不吃的道理！沒想到土青蛙跳門檻——蹲了屁股又傷臉。她見班超並無旁顧，就找機會尋到米夏門上，求她抽空回去給丈夫解渴，別把兩人都憋壞了。

米夏給了老媽子一包賞錢，囑她精心照料長史，遲疑了幾天，就在一個傍晚，悄悄回家，幫著傭人做好夜宵，專等班超回來一見。她強顏歡笑，酒也喝了，飯也用了，刻意脫衣上炕，努力想要親暱，無奈心理陰影太大，眼前老是她父親血淋淋的臉，還有她母親慈祥的笑容，以至於突然噁心嘔吐，連房子都不能待了，叫了李兗送她回去。

班超莫名其妙，一日和白狐聊起，想著白狐閱女無數，對女人的心思比較了解，沒準能提供一些幫助。白狐對班超休米夏頗有微詞，一上來就嫌長官過於絕情。他剛辯解兩句，白狐就問他還是不是男人，是不是比人家老很多？噎得班超無語，直拿白眼翻他。

白狐不管他愛聽不愛聽，只管直說：「米夏帶著班勇住在外邊，萬一被龜茲或者莎車的探子發現了，不是鬧著玩的，你說句話，我叫人派兩個暗哨。你不心疼兒子，我還心疼姪兒呢！」

沒想到班超不但沒同意，還把他攆走了：「派，派，派，派個屁！最好讓龜茲抓了去！」

什麼人嘛，顯然是口是心非！白狐知道班超說的是氣話，就去找徐幹。徐幹說：「非戰事動兵，必須老大發話，眼下他在氣頭上，誰敢再提？」沉吟片刻，他又讓找田慮去辦，萬一長史知道了，由他打哈哈頂著。白狐得此承諾，就拎了一罈酒，跑到田慮那裡，倆人邊喝邊商量，計劃在院子前後布置暗哨。這時來了一位不速之客，進門就說：「派兵就是害長官，誰派我跟誰急！」

議和

塵世自古不缺情，只缺風情解意人。

自從米夏搬出長史府，祭參就注意觀察班超，見他沒有以前和藹了，忘性也一天比一天大，有時候剛說過的事情，轉眼工夫又來講。他知道班超一貫剛烈，公私分明，這次殺榆勒，也是性情使然，沒有考慮到米夏的感受，鬧到倆人分手，精神受到很大打擊。他一個晚輩，本來不好幫忙，坐月子的妻子挐萊，就拚命數落他：「一對很好的人，為什麼要搞成那樣？你們長史府的人都沒長眼睛嗎？」

祭參被媳婦罵急了，就去找徐幹。聽徐幹說白狐已經來過，被他支去找田慮了，就騎馬趕到大營。他已經是成熟男人了，想那男女之間的事情，距離是問題，時間也是問題，不能讓兩人長期分開，離得太遠。所以他想最好將米夏勸回長史府，先給她另外安排一處住的地方，這樣低頭不見抬頭見，長史大人見天能看到孩子，心情自然不一樣，日子長了，說不定就雨過天晴。

這個主意倒也不錯。白狐笑著埋怨：「你這碎慫怎麼不早說！」

祭參說：「作為晚輩，主意我出了，但辦事須得找一個人，要女的，有身分，還有交情。」

田慮想了想，按祭參這個條件，只有成大國王的大王妃了，她是這裡身分最高的女人，與米夏公主的交情也不錯。祭參目的達到了，就笑著走了，白狐也要走。請王妃的事情就留給田慮，誰叫他老婆與成大的大王妃相熟呢！

人是靈長類動物，人的感情是相通的。就在長史府的一幫弟兄，想著幫長史老大與愛妾復合的時候，成大也在積極想辦法。他與班超是政治同盟，兩人的女人關係也很好。幾年前在姑墨，還是米夏幫他解的難題。一聽說米夏搬出長史府，他就安排人暗中保護了，等到田慮妻子阿麥替尼沙與厄普圖的老婆一起找上門來，他二話沒說，就催著三個女人趕緊走。

米夏雖然倔強，卻也心軟。禁不住眾人苦勸，就在徐幹和白狐來接的時候，帶著兒子上了車。他也不是與班超沒有感情，就是見了面彆扭，在一起噁心。她住到盤橐城後面一所新房子後，兒子可以兩邊跑，除了給他爹背書、跟著李兗練拳練劍外，她有空就教兒子騎馬。馬廄離住處不遠，馬倌也喜歡孩子。但是日子長了，也還是寡淡無味，因為她和班超之間，看不見的裂痕比任何看得見的鴻溝都大，都深。終於有一天，裂痕撕開了表面的薄紗，鴻溝徹底暴露了。

這是章和元年（87）春節前的除夕之夜，長史府照例要舉行辭舊迎新的聚餐。但這次性質不一樣，因為疏勒王成大帶著三個王妃來了，王府的重要官員也都來了，聚餐就變成了軍政聯歡會。班超以長史府主人的身分，發表了熱情洋溢的新年致辭，成大也希望透過長史府轉達他對皇帝陛下的良好祝願。大餐廳裡觥斛交錯，賓主盡歡。班超為了活躍氣氛，讓小字輩班勇向成大和徐幹敬了酒，又讓他給白狐敬，強調兒子不要忘了救命的恩人。這一敬本來挺正常，不料勾起米夏的痛苦回憶，當時就哭了，捂著臉跑了出去，聯歡會的氣氛驟然冷到冰點，大家只好強顏歡笑，草草離席。

班超很生氣，在房子裡踱來踱去，埋怨米夏掃興，打了他的臉。几上的一個青銅三腳酒觚，是跟了他十來年的愛物，這會兒看見都煩，操起來就扔了。徐幹說了許多勸慰的話，遲遲消不了火，不免埋怨兄長，就不該往一切與榆勒有連繫的事情上引。一會兒白狐領著班勇過來，撿起酒觚，望了望主任：「長官不要了可以給我，這麼好的東西！」

這本來是一句極平常的話，卻被氣頭上的班超聽成雙關語。踢了白狐一腳，罵道：「你竟敢惦記長官的東西，真不是東西！」

白狐熱臉貼上冷屁股，自覺無趣，留下班勇自己走了。

班勇已經十歲，在父親的指點下讀了不少書，也多少懂得一些道理。他一直隨母親居住，也理解一個女人在大義與親情之間的艱難抉擇。他像個小大人似的說：「大丈夫虛懷如谷，腹能行船，何為不能原諒一婦人？況母親情真意切，半年來一直想著父親，順著父親，試圖遷就父親，但她實在無法接受這樣一個事實，自己最親的丈夫又是自己的殺父仇人。回住長史府對母親來說，完全是一種折磨，做兒子的看在眼裡，痛在心裡。在兒子看來，父親主持了正義，沒有錯，母親記掛養育她的父親，也沒有錯，錯的是你們各自的角色。依小子之意，父親既已休了母親，就各安自命，不要勉強相見。兒子以後就繞在你膝下，孝敬父親，讓母親搬出去吧！這也是母親自己的意思。」

班超下意識盯著兒子看了許久，彷彿不認識似的。沒想到一個嘴上沒毛的小大人，竟然能如此理智地對待父母的分離，心頭的怒火漸漸就熄了。當夜父子倆躺在一個炕上，像老朋友一樣，談論這些年父子之間的趣事笑話。父親摸著兒子的腦袋，突然問道：「還記不記得于闐王伯伯喜歡聽你唱的『咪咪貓』麼？」班勇回答自然記得，而且那首歌謠是父親教的，也是父親喜歡聽的。這會兒輕輕吟唱起來：「咪咪貓，上高窯……」

班勇的聲音雖然不像三四歲時那麼稚嫩，腔調裡卻保持了原有的童真。他唱了一遍，父親又接上唱；父親唱完了，他又接上，最後父子倆一起吟唱。這種極不協調的男子二重唱，迴盪在靜靜的冬夜，連傭人都驚醒了，躡手躡腳地站在門外探聽，不知這一對父子著了什麼魔。

早晨的太陽一照，地上的霜花就消失了，彷彿昨天的一切都成了記憶。這是丁亥豬年，新年伊始，沒有下雪。長史班超的前愛妾米夏，悄悄離開了盤橐城，送行的只有她的兒子班勇、班勇的娃娃親「妻子」嵐兒和她的母親。而成了單身的長史班超，把手下的將領都集中在作戰室裡，研究部署對莎車的進攻。

莎車王齊黎是龜茲人的忠實走狗，由於他的猖狂，給天山南道生出了多少事端，就是榆勒走向死路，班超差點被困死在盤橐城，至少也有他一半的責任。可悲的是惡人並未意識到自己的罪惡，反而將兩個女兒的慘死，全記在漢軍名下，誓與漢軍不兩立。番辰投奔莎車後，他以為添了虎將，仗著城堅壕深，給養豐足，擁精兵五千多，還有龜茲做後盾，已經斷了莎車通往疏勒的道路，逼得于闐往疏勒，必須繞道沙漠腹地。

班超去年就想打莎車，中間被榆勒插了一槓子，所以延遲至今。他打算調疏勒、于闐、拘彌、鄯善、姑墨、尉頭等國大軍，加上漢軍和且運的力量，共兩萬多人，於三月颳大風的季節，對其發動突然襲擊，力爭一舉解決問題。為此，他責成祭參帶領幕僚，制定了詳盡的作戰方案。

祭參是個特別注重灌備建設的人，他發現費鳴是個獵戶出身，手巧，腦瓜子還特別好使，就在他幫助下，設計了一種帶響的箭，用作聯絡訊號。費鳴還以養蜂人戴的保護帽為模板，監製了一批鼠籠式鐵皮防護帽，加上祭參組織人打製的全身鎧甲，可以裝備一百個特種兵，讓他們專門從事架橋工作，必要時也可以近距離使用噴火槍，一般的弩箭都不會傷到他們的身體。祭參計劃用八輛戰車填塞護城河，以便快速架設便橋；用兩輛加裝鐵皮的輕型戰車，來回往城門運輸桐油和松香，以便火攻城門；城門一開，就是衝鋒陷陣，肉搏廝殺了。假如進攻受挫，他還設計了備用方案，採用土工作業，從隱蔽處往城內挖地下通道。莎車城地下土層厚達十幾丈，從護城河底下穿越沒有問題。除此之外，他還請長史發一封密信給且運，請其依計而行。

調兵的事進行得很順利，而且除姑墨外，都是國王親自掛帥出征，按預定時間在莎車城外集結，給了班超很大的鼓舞。他一身甲胄，使用朝廷規制的鼓吹旌旗，與諸國王和軍隊將領會盟，決定利用西風，東、南、北三個城門佯攻，由漢軍在西門主攻。但次日的風太大了，近乎於飛沙走石，颳得天昏地暗，兩步之外什麼都看不見。這對西城門的防守不利，頭戴防護帽、身被鎧甲的特種兵迅速接近城門，放火大燒，燒開了西門。但莎車守軍用人肉做盾牌，封住了，漢軍與其在門口廝殺一陣，互相都看不清目標，無法擴大戰果，混亂中抓了幾十個俘虜，也損失了一些人馬，就主動撤出來了。過了一夜，風勢減小，聯軍準備重新組織進攻。忽有且運派人來報：龜茲王尤利多聯合焉耆、危須、尉犁等國，發兵五萬來援莎車，當日天黑前就能抵達。由是各國震驚。

本來這次戰役是比較單純的攻堅戰，漢聯軍打莎車，以漢軍為核心，除占據道義的制高點外，擁有兵力和裝備的絕對優勢，人員比例為四比一，配備了戰車、噴火槍和特種甲冑裝具，昨兒攻陷西門還未使用全部手段。但龜茲聯軍一介入，這次戰役就變得錯綜複雜了。從規模來講，它牽動了整個西域的神經，天山以南有一千以上兵力的王國都捲入了，似乎莎車成了閱兵場；從參與指揮的人員層級來講，各王國軍政大員都出來了，光國王就有十個，聯軍方面有于闐王、疏勒王、尉頭王、鄯善王和拘彌王，敵方有龜茲王、焉耆王、尉犁王、危須王和莎車王；從兵力對比來看，敵方聯軍突然間成了我方的三倍；從戰法來看，敵方既有堅固的城池據守，又有大規模的援軍城外呼應，粗粗一看，漢聯軍這仗還真沒法打了，最好的策略就是避其鋒芒，撤出戰役。

但是，班超這個人極少按常規出牌，越是在危險緊張的時候，越能表現出少有的鎮定。他已經意識到，這場戰役不光是他進入西域以來最大的一場較量，而且成了決定西域命運的大決戰，勝則不僅拔除了莎車這顆「絲綢之路」上的釘子，進一步孤立龜茲，弱化匈奴在西域的勢力，更是增添西域諸國對漢朝的信心；敗則漢軍沒有回撤固守疏勒的機會，十幾年的努力白費，參戰各國也將遭受重創，龜茲代表匈奴重新奴役各國，漢朝在西域的存在盡失，他本人即使不戰死，也沒有臉面回去了。所以，他認為這場戰役成了西域格局變化的關鍵，要堅持打，不能退出，還要取得決定性勝利。他不是專門學軍事的，但他熟讀《易經》，知道兵者善變，就是要根據戰場各種要素的變化，以變應變，及時改變戰術。

最高統帥的異常冷靜，很快影響到漢軍將領和各國王都尉，部隊的情緒漸漸穩定了。班超和徐幹、祭參等人祕密商議，必須使用調虎離山之計，把氣勢洶洶、蜂擁而來的龜茲聯軍支開，讓他們虎落平陽，實際上退出戰役；引誘莎車軍隊一部或大部出城，在城外殲滅。然後在能夠爭取到的特定時空條件下，盡快拿下莎車，待敵人明白後趕來，就只有望城興嘆了。

茲事體大，必須絕對保密，就是參戰各國王都不能透漏。徐幹和祭參深以為然，就以勸班超撤軍為戲碼，三人步出大帳，故意在離俘虜營不遠的地方大聲說話。之後就讓祭參通知各軍：現在都好好休息，天黑之前埋鍋造飯，雞鳴時鳴鼓為號，趁夜色悄悄撤軍。漢軍和疏勒、姑墨、尉頭的部隊往西撤，于闐、鄯善和拘彌的部隊往東南撤，龜茲援軍在東北方，不會與我們遭遇。關鍵是一定不能讓莎車發現，防止他們追擊，纏住我們就走不脫了。再等到龜茲大軍一到，麻煩就更大了。

那幾十個被俘的莎車兵，聽得真真切切，思忖這漢軍大勢已去，也難再管顧他們，就趁黃昏漢軍忙著準備撤退，「無人看管」，紛紛逃走了。等他們逃出老遠，班超才讓董健派一些人去追。派出去的劉慳也追上一些殺了，故意放幾個跑得快的進了城，向齊黎彙報。齊黎聽說班超夜裡要跑，馬上派聯繫官聯繫正在趕往莎車的尤利多。尤利多這次既然下了血本，就不能讓漢聯軍逃跑，他試圖一網打盡班超在西域的有生力量，重新建立龜茲霸權。這個剛愎自用的傢伙，立即分出兩萬人馬，讓焉耆王帶著往東，截擊于闐王。自己帶著三萬大軍往西急行軍，準備斷了漢軍西撤之路，親自剿殺班超。

漢軍探子偵知龜茲大軍分兵堵截，班超大喜。他半夜命人發鳴鏑，派到各軍的聯繫官就催著撤軍。于闐王廣德不解地問：「不是鳴鼓才撤麼，怎麼鳴鏑也撤？」聯繫官悄悄告訴他：「那是給莎車人聽的，大王只管拔營撤退就是。」

部隊拔營後，莎車王齊黎得報，認為此次定能全殲漢軍，重創于闐，自己也得撈點說話的資本，不能讓尤利多看輕。他讓江瑟與番辰，盡起全軍，分東西兩路出城追擊，自己坐在王宮，一邊自己喝著小酒，一邊讓人籌備宴會，等著天明之後迎接尤利多凱旋。但這次他又失算了，等來的不是尤利多，而是他的死對頭且運。

班超看著莎車軍隊出城來追，馬上調轉馬頭，讓部隊迅速回殺，再攻莎車，並著人大肆擊鼓傳遞消息。各路大軍的聯繫官，聽到鼓聲，就傳令停止撤退，後隊改前隊，往莎車方向殺回馬槍。于闐王廣德等這才理解班超虛虛實實的妙計，馬上麾軍西進，途中與江瑟的人馬相遇，雙方對戰，殺了約莫半個時辰，江瑟折了七八百人馬，終歸人少不能招架，慌忙向城裡撤退。誰知城門已經失守，落入漢軍手中。

原來戰前且運按照班超的指示，特意安排一批人「開小差」。因為有以前臨陣開小差的前例，齊黎也未懷疑，要把他們編入隊伍繼續從軍。這些人只有幾個願意繼續從軍，絕大多數人都「厭惡戰事，只想回家做個順民」。當夜城外戰事一起，「順民」們就暗地聯繫，待城內空虛，只有衛隊和百十個城門兵吏，突然奪取了東城門，向潛伏城外的且運發訊號。且運帶著他的一千多人馬火速進城，立即控制了所有城門，抓了齊黎，在城頭點上火把，豎起漢軍旗幟。

晨曦微露時，班超指揮董健、田慮所部與姑墨、尉頭鐵騎，已經將番辰的兩千多人馬團團包圍，準備採用分割剿殺的方式，就地消滅。不料番辰垂死掙扎，突然帶了一群人馬衝向班超。李兗的衛隊猝不及防，竟被衝開。番辰的馬都到了班超跟前，這還了得！剛好董健就在旁邊，立即調轉馬頭，大聲吼叫著抓番辰，突然擋在班超前面，揮刀砍向番辰。番辰的腦袋掉了，人還在馬上，但董健滾落馬下，左臂被番辰的大刀砍斷了。班超受了一驚，看見周遭的殘敵已被李兗肅清，明白董健捨命救他，心中萬分感激，趕緊下馬，抱起董健呼叫。當時董健人已昏迷，只有左肩血流如注。他趕緊招呼醫官救治。卻聽人報，祭參單身匹馬往東跑了。

祭參是去追江瑟。前面江瑟被于闐王打敗，帶著殘兵跑到城下，看見城頭已換漢軍旗幟，心中暗暗叫苦，知道大事不好，只好向番辰靠攏，想著合兵一處，再做計較。跑了一陣，遠遠看見番辰被圍，已是凶多吉少，便不想飛蛾投火，改往南邊逃跑，暫避漢軍鋒芒，卻被祭參遠遠地看見。祭參縱馬直追，邊跑邊喊，終於趕上江瑟，勒馬相告：「都尉曾助漢軍攻打姑墨，有功於漢，與小弟又是故人，何不棄暗投明，見過長史大人，再續前好？」

江瑟見了祭參，心有愧意，答說：「祭參軍我是信得過，可我一直在齊黎手下做事，怕是不能被長史原諒了！」

祭參說：「都尉為何如此小覷長史？他乃大丈夫一個，豈不知各為其主的道理？你是你，齊黎是齊黎。他心知肚明，定不會加害老兄！」說罷，折箭為誓。

江瑟稍事遲疑，就率隊來見班超，願意就地投降。班超只是給了祭參一個讚許的眼神，熱情地慰勉了江瑟一番，囑其隨隊進城。回望西邊戰場，聯軍已盡滅番辰所部，麥地裡到處是人的屍體和來回亂竄的馬匹。再看東方天際，雲蒸霞蔚，一輪紅日正冉冉升起，頃刻間朝霞灑滿大地，城池、村莊和原野都沐浴在絳紅色的朝霞裡，連將士的臉都泛出片片紅光。班超喜不自禁，將大手一揮，說了聲：「進城！」就率領得勝之師，來到城邊，與先期到達的于闐王等，從容進入莎車城。且運已經組織了大批民眾，敲鑼打鼓夾道歡迎。班超悄悄告之：「趕快收起吊橋，尤利多一會兒就到。」又令祭參迅速布防，弄不好還有一場守城戰呢！祭參對莎車的情況比較熟悉，很快就安排停當了。

果不其然，龜茲王和焉耆王所率大軍很快來到城下，繞城轉了一圈，看見城防森嚴，難以攻破，氣急敗壞，在城下罵班超詭計多端。班超正和幾個大人、長史在南門城樓上飲酒作樂，還有美女在旁歌舞助興。聽見尤利多的罵聲，卻哈哈大笑。白狐在旁邊，雙手做成喇叭形朝下大喊：「堂堂龜茲王，領兵五萬人，連個莎車城都不敢攻，明擺著草包一個！我就是趕上五萬頭豬，也能從城外拱起一層泥土呢！」

尤利多知漢軍故意激他，想讓他多留些士兵屍體，偏不上當，反激班超：「你不是西域長史嗎？分明就是個縮頭烏龜！有本事出城來戰，那才見英雄本色！」

白狐又道：「長史大人說了，英雄的稱號，還是留給龜茲王吧！我們這裡有一個人，不知你們要不要？」

話音未落，田慮已經推出齊黎。尤利多不知班超葫蘆裡裝的什麼藥，躊躇好久，才說：「如果漢軍將齊黎交給我們，願以五千匹戰馬交換。」

突然看到生機，齊黎的眼珠子一轉，立即跪下磕頭，求長史大人饒命。班超掃了一眼，見齊黎又是當年在姑墨的那副屌樣子，心下甚是厭惡，知道這類人是抓住就叫爺，放了就作怪，縱是表演得再虔誠，也不能輕饒了。他給白狐大哥手勢，悠然起身，故意對齊黎說：「你能不能活全在尤利多身上，讓尤利多加碼！龜茲王過於吝嗇，你應該不至值那點。」

齊黎發現班超想拿他做生意，是個不吃虧的人，卻也如同揀到救命稻草，起身趴到牆堆口，哀求龜茲王加碼救他。尤利多也是不明就裡，答應可以出到八千。班超說：「君子一言，駟馬難追，八千就八千。你現在檢點軍馬，從西門放入。我軍如數收到，便將齊黎放出。」

且運在一旁急了，提醒班超：「齊黎兩面三刀，陽奉陰違，堅決不能放虎歸山！」班超擺手示意他稍安勿躁，本長史自有安排。

尤利多也是心賊，移師三萬到西門外，還想借放馬之機衝進城。不知漢軍選西門，是因為西邊護城河離大門最遠，有機動空間。祭參已經帶人將八部沉河戰車打撈上來，加上兩部輕型戰車，呈喇叭形分列吊橋兩邊，橋頭並列兩部，越往裡越窄，只能過一批馬，敵軍要想猛衝過來，只能填河。

這莎車的護城河有三丈多深，十五六丈寬，要是尤利多下決心填塞，估計有萬把人馬就能造起一段屍體浮橋，但能否過人過馬，卻未可知。尤利多作為西域首霸，自然知道深淺，看見漢軍陣勢，也不敢造次，老老實實驅馬進城，一匹接一匹，一直過到日落西山。漢軍牽出五花大綁的齊黎，送上吊橋，待其走完吊橋最後一尺，前腳剛剛落地，背後幾十支弩箭射出，從後背穿到前心，當下趴在地上，等人扶到尤利多面前，只剩下最後一口可憐的哀氣，一看見主子就翻了白眼。

祭參立即指揮收了吊橋，讓劉慳速將戰車一字排開，大弩長弓不停地發射。一時箭矢如雨，飛向對岸，將對面河邊的敵兵射倒一片。眼尖的趕緊後撤，跑到射程以外去了。這時班超已經帶著于闐王等人，從南城門樓轉到西城門樓，叫白狐大聲喊話：「漢軍與龜茲軍的人馬交割完畢，兩不相欠。龜茲王可以打道回府了，我們龜茲——見！」

白狐心裡興奮，最後一句還沒喊出去給笑岔氣了，笑完再接著喊。尤利多遭此戲弄，恨得咬牙，又無可奈何，只好啞巴吃黃連，領著五萬大軍，垂頭喪氣地離開了。其中八千騎兵改步兵，一路叫苦連天，自然沒有了來時的神氣。然而，最傷心的還是他在天山南道上的釘子，被漢軍拔了。焉耆、尉犁等國王也被班超嚇破了膽，以後的日子怕是不那麼好過了！

班超一行在城門樓上目送龜茲聯軍遠去，趕緊到醫館看望董健。醫官說一條手臂齊根沒了，但命總算保住。董健已經清醒，痛得呲牙咧嘴，看見班超，卻故意裝出滿不在乎的樣子。「他娘的，我還以為再也見不到長史老兄了，誰知跟閻王爺打了個招呼，又回來了。」

「兄弟……」班超用手捂了董健的嘴，讓他什麼都不要說了，又雙手拉住他的右手，緊緊抱在心口。憋了好久，班超才深情地說：「升達老弟，霍延走了，你可不能再走啊！我身上這些功績，都是你等弟兄拿血拿命掙的，老兄其實對不住你們啊！」

老長官說著說著，喉頭竟然哽咽了。聽得董健也不知道什麼叫痛了，遇上這樣拿弟兄們當事的長官，就是死了也值了。反倒是他安慰班超說：「沒事，還有右臂在，躺一陣還能騎馬殺敵呢！」

從董健的病房出來，班超又看望了其他傷員。這一仗雖說大勝，但早上全是肉搏，聯軍也死傷七八百人，軍侯馬弘、屯長周元、謝斿、酈田、費鳴都掛了。戰爭這種軍事遊戲，勝利是相對的，沒有無代價的絕對勝利。班超再三吩咐軍隊和當地的醫生：「本長史請求各位了，請一定精心照料傷員。凡沒有亡在戰場的，一定不能死在病房。」

話音剛落，且運追過來說：「長史大人，你可要為我做主。于闐王想拆分莎車，主要地方都歸于闐。」

班超笑了笑說：「于闐王開玩笑，你也信以為真！于闐那麼大，夠他經營了。」

及至見到各位國王，班超誠懇地說：「衷心感謝各位國王和將軍率軍來攻莎車。經過大家的共同努力，終於消滅了齊黎，這下從于闐到疏勒再到姑墨，可以安全通行了。我們以後可以經常來往，走親探友。且運丞相也不用躲在外面，可以大搖大擺地歸國，代理王事了。」

廣德問班超：「且運是不是打小報告給長史了，說我想分他的地盤？」

班超也不相瞞。廣德就和大家一起大笑，叫疏勒王晚上請客。原來他們在等班超的時候，打了賭，說且運的心病是怕他要報酬。這時且運的心也放到肚子了，大大方方地說：「各位大王跟長史大人到了莎車，都是貴客，有地主在，哪能讓大家破費呢！」於是，安排當夜大饗士卒。就是王府這邊的宴會，卻是齊黎給龜茲王準備的，吃喝起來別有一番滋味。

宴會期間，廣德將且運叫到旁邊，誇他找給齤萊的男人不錯，祭參年輕有為，但自己原本是齤萊的父親，卻沒做成岳父，心裡像缺了點啥。且運一臉複雜的表情，求廣德不要節外生枝，心裡清楚就行了。班超看他倆人詭祕，端著酒過來問緣由。

廣德說：「我倆說點私事，長史不聽也罷。但是這一仗能打得如此漂亮，是我沒想到的。長史如此用兵，簡直神了！我也不想奉承你，就借侯任莎車王的酒敬你一觚，下一次有大行動，你只管吩咐就行，沒有我于闐不愛湊的熱鬧！」

班超謝過，回敬于闐王，又與其他國王互敬。席間談笑風生，賓主盡歡。宴會後又一起觀看歌舞表演，也算盡興。演出還沒結束，尉頭王帶頭，拘彌王和鄯善王跟著起鬨，于闐王也不甘示弱，一人看上了一個舞女，請且運玉成，還說是帶點莎車特產回去，唯成大沒有伸手。且運問了管事，幾個女孩都未婚配，當場答應，領來相見。這種好事，班超自然樂觀其成，感嘆自古英雄愛美人！成大卻說：「美人多了也煩人！」

過了兩天，莎車的官員和各部落首領開會，一致同意聯軍提議，推選且運為國王。這位一心同漢朝交好、一度聲譽不佳的前相國，就在西域長史和參戰國國王的祝賀聲中，登上王位。隨後，將死齊黎換來的活戰馬，作為戰利品分給各國，各自凱旋。且運考慮莎車初定，百廢待興，請班超暫留一些時日，幫他壓壓陣。班超前一段被米夏的事情弄得心煩意亂，剛好藉此消停幾天，就把祭參所部留下，讓徐幹帶著部隊和成大一起回去了。

適有一日，班超和部下到蔥嶺河邊散心，新任軍侯宋乔突然對一個引水渠感了興趣，一會兒觀察斜伸到河床中間的攔水壩，一會兒思索落差不小的引水渠，突然顯得很興奮地說：「把引水渠略加改造，在渠首形成一個跌水，可以裝一臺水磨，讓流水帶動石磨磨麵，能節省人力畜力。我以前在洛水邊見過。」

宋乔一說，李兗拍雙手贊成。祭參茅塞頓開，覺得完全可行，就向班超建議，由漢軍出面，給當地修建一座水磨，也算積德行善的好事。班超捋著鬍鬚直笑：「三人行，必有我師。孔老夫子的話一點沒錯。今兒沒白出來一趟，年輕人都長本事了。祭參去弄吧，就當是給你老丈人新王登位的一個賀禮吧！」

祭參跟班超久了，也學得雷厲風行。回去就和宋希畫了圖形，次日帶著隊伍開始施工。不到半月建成，還在上面蓋了一幢小磨坊，以蔽風雨，起名「班公磨」，請班超題字。班超說：「我可不做貪人之功、據為己有的事。明明是人家宋希提出的，怎麼能歸到本長史名下呢？」

李兗說：「宋希以前是跟末將混的，末將還在旁邊靠著呢，哪裡有他掛名的地方！再說了，長史是我們這支隊伍的靈魂。提起長史，人們就會聯想到大漢朝廷，所以只有叫『班公磨』才響亮呢，叫個宋希誰認識！」

班超無奈，只好題了三個章體大字。祭參找石匠鐫刻，塗成紅色。選了一個吉日舉行竣工儀式，請班超和且運共同剪綵，這水磨就日復一日運轉起來，給當地居民提供了方便。後來，當地人模而仿之，在其他地方也修了幾座水磨，但都叫「班公磨」，以此紀念班超所帶漢軍，為當地所作的貢獻。班超偶爾也去水磨坊裡轉轉，每當看到老百姓喜悅的笑臉，他的眉頭就格外舒展。

莎車一戰，班超在西域的聲望更高，遠近為之震驚，卻也讓不諳中原法制的人，產生了錯誤的解讀，以為他什麼事都能辦。沒過多久，就有大月氏國王閻膏珍派人趕著兩頭長毛獅子，背了幾袋子珍寶，經烏秅到疏勒，又轉道莎車，企圖以此為貢禮，讓班超幫忙，娶到漢朝公主。

班超見了使節，頭「嗡——」的一聲就大了。這些西域的國王也是奇葩，友好就友好，該立同盟就立同盟，該貿易就貿易，老惦記大漢的公主做什麼！難道國之交往就為了褲襠裡那點玩意兒？就康居王一個軟承諾，已經變成反目成仇的由頭了，這裡又來一個，如何敢應？再說了，皇帝派他收西域，也沒讓他賣閨女呀！漢人守家，平民尚且故土難離，非萬不得已，哪位皇帝願意將自己的公主，嫁到那麼遙遠的地方？於是他說：「這個要求沒法轉呈，你們自己到洛陽去，直接向皇帝陛下申請好了。」

那使節一聽班超之言，心已涼了半截，知道沒有邊關大吏的轉奏，漢朝肯定不會接受康居的要求。轉而向白狐求援，幫他再向長史說說。白狐看班超一臉作難，就將大月氏的使節叫到酒館，單獨酒敘。使節認識白狐，溝通也算坦誠。原來是大月氏王聽說康居王已經向漢朝提出了和親申請，想著自己的條件也不差，為什麼不能得到一位漢家美女呢！甚至兩人還飇上了勁，看誰先娶到。

白狐告訴使節：「東漢以來，漢朝公主稀缺，皇室女孩要麼已經嫁人，要麼就還抱在懷裡，給康居王一直沒有選到合適的，大月氏王要能等上十年十五年，說不定能有希望。」使節一想：閻膏珍都六十多了，十年後沒準都死翹翹了，且不說十年間還會發生多少變化。顯然是婉拒的意思，也就牽著獅子回國覆命去了。

誰也沒想到，這閻膏珍死腦筋得厲害，得不到漢朝和親的允諾，大傷臉面，大動肝火，惱羞成怒，想了三年都想不通，居然於漢和帝永元二年（90）發重兵攻打西域長史府。領兵的是一個副王，名謝，麾下擁七萬之眾。情報是烏秅國王派快馬傳遞過來的，說大月氏軍的隊伍長蛇逶迤，戰馬頭尾相連，估計三天就能開到疏勒。警訊傳來，官兵們都為之一驚，心想這麼龐大的一支軍事力量，比疏勒國的人都多，如何才能抵擋！

是時班超正在蘆草湖，彎腰站在泥水裡插稻秧，頭上扣頂麥稭編的草帽。插累了，就把草帽往地上一扣，與官兵們往地頭的杏樹下一坐，三三兩兩，一邊聊天，一邊吃起杏兒來。恰好遇到水果大年，樹葉翠綠，杏果金黃，隨便晃動一下樹幹，就會落下一層熟透的大杏，撿一顆放在嘴裡，那種略帶酸味的甜蜜，不是沒栽過樹的人能體會的。

班超一連吃了三顆大杏，找牙口好的年輕人，幫他咬破杏核，他要吃裡邊的杏仁，據說那玩意兒去火。杏仁是苦的，與剛才的杏肉味道有天壤之別，但他還是細嚼慢嚥，通通下嚥到肚子。旁邊的假司馬和恭一聽大月氏七萬大軍來攻，心裡十分焦急。他見班超若無其事的樣子，還以為長官被敵人的數量震驚了，一再詢問他要不要回長史府，研究對策。和恭這兩年一直負責屯田，種稻種麥，養牛養雞，把蘆草湖搞得跟一個小鎮一樣，就差一些女人來，帶點陰陽和諧之氣。班超也一直在考慮這個問題，這次來插秧，也是先放點風聲，看看部下的反應。

至於對付大月氏大軍，硬打肯定不行，只能以逸待勞，以簡馭繁，以不變應變，以小變應大變，以不動應動，以小動應大動，以樞應環。兵書云：凡先處戰地而待敵者逸，後處戰地而趨戰者勞。以前管仲寓軍令於內政，實而備之；孫臏於馬陵道伏擊龐涓；李牧守雁門，久而不戰，而實備之，戰而大破匈奴。所以老道的西域長史並不害怕，被問得緊了，才不緊不慢地說：「七萬人呢，現在去各國調兵已經來不及了，我們就是殺，也殺他不過來。你們該插秧繼續插秧，讓我在樹下躺一會兒。」

躺在鬆軟的沙地上，頭上有樹冠遮著太陽，身邊掃著一絲一絲的小風，西域的夏天，真沒有關內那麼悶熱。一隻黑螞蟻爬到腿上，癢癢的，起身抓了掐死，四下裡尋找蟻穴，發現竟在杏樹根部。成群的螞蟻，這麼早就開始屯糧，一個個拖著稗子、饃饃渣、甚至掉落的蟬蛻薄片，從容地運往窩邊。這螞蟻可不是什麼好東西，千里之堤潰於蟻穴，蟲蟲雖小，害處蠻大。他覺得不能讓這些害蟲如此逍遙，就用鞋子使勁踩踏，看著死了一片，又往樹根尿了一泡，把窩裡窩外連死帶活的黑螞蟻全漂了起來，四散流了。

螞蟻尚且知道夏儲冬糧，作戰豈能不考慮糧草！大月氏這七萬人馬翻雪山越峻嶺，能帶多少糧草？一路已經消耗掉多少？到了疏勒，人吃什麼，馬吃什麼。這個問題想明白了，作戰的策略也就有了。班超慢慢坐下來，叫李兗回營，把徐幹、董健、祭參、白狐和各部頭頭都請來，晚上在湖邊吃烤魚。李兗疑惑地問：「長史不是要在這野地裡開作戰會議吧？」

班超點點頭，反問道：「不行嗎？」

李兗搖搖頭，騎上馬趕快跑了。看著李兗遠去，班超伸伸懶腰，又要下地。和恭一把攔住說：「長史大人多大年歲了，能跟小夥子比嗎？歇著吧！」

到了傍晚，天高雲淡，夕陽的餘輝慷慨地灑在蘆葦環抱的湖上，半湖瑟瑟，半湖絳紅。和恭親手烤魚，給大家下酒。魚不多，每人半條。但只有徐幹和祭參大快朵頤，其他的人幾乎無心吃喝。

班超問徐幹：「這蘆草湖的魚肉好吃不？」

徐幹說：「好吃是好吃，可惜吃完就沒了。」

班超又問祭參：「大月氏七萬大軍來了，怎麼打？」

「不打！」祭參幾乎不假思索地說，「打他做什麼？費力！餓死多省事！」

「你這小子膽子越來越大，竟把本長史想說的話說了！」班超佯嗔道，「那你跟大夥兒仔細說說，如何餓死！」

祭參從董健的盤子裡夾了一塊魚肉，把魚刺拔了，送到班超嘴邊。這才道：「長史讓我說我就說。大月氏雖然兵多，看起來氣勢洶洶，其實一點都不用害怕。他們跋涉數千里，翻越蔥嶺天險來入侵，運輸極為不便，不可能再從國內運送給養，一切人畜耗用必須就地解決。既然如此，我們只要堅壁清野，把糧食能帶走的帶走，不能帶走的就地掩埋，人員全部撤進城內幾座軍營和王宮，堅守不出。等他們住下後，再悄悄往駐地附近禾苗上噴灑藥水，禁止他們的馬糟蹋糧食作物。這樣一來，他連五天都撐不住，有什麼可憂慮的呢？我們再通知尉頭和葫蘆谷，斷了他們前往龜茲求救之路，大月氏的退兵還不是指日可待！」

祭參一分析，大家都明白是要不戰而屈人之兵。情緒一下子放鬆，就搶著吃魚、喝酒。董健的魚讓祭參拿走了，一隻手又搶不過別人，只與田慮倆人搶到半條，不停地罵祭參碎慫，多吃多占。

「徐司馬剛才點到了，是你們自己端著不吃，這次我可不能幫你。」班超說。「年輕人想得挺周到，就是耍得有點大。路上的埋伏，還是我們自己派人吧，畢竟人家是衝西域長史府來的，就不麻煩別人了。」

一場對付七萬大軍的戰前會議，就開得這麼輕鬆。

謝副王率領的大月氏大軍，在高原山地行軍十多天，早已人困馬乏。到達疏勒以後，所剩糧草只夠支撐兩三天。派人到村莊去搶糧，幾百里又見不到一個人影，連連撲空，一些馬匹又因為吃了禾苗而倒斃，連馬草都斷頓了。情急之下，一邊派人向龜茲求救，一邊試圖攻打長史府。結果派出的使節悉數被祭參的伏兵所殺，夜裡將幾十個人頭掛在大營附近的樹梢上。攻打長史府的人，採用人海戰術強渡吐曼河，通通被弩箭射殺；轉而進攻王府，又遭遇噴火槍近距離噴射，白白折去近千條生命。到了第五天，眼看著士兵餓得站都站不住了，謝才意識到這趟渾水不該蹚，意氣用事的戰爭，一開始就是個錯誤。他想起漢軍的譯長白狐，曾經去過大月氏，人也仗義，就帶人親往盤橐城負罪請降。

白狐不愧是個老道的外交高手，給班超進行了很好的鋪陳。他與謝一見面就說：「大月氏這次太不仗義，自不量力，拿雞蛋硬碰石頭，惹大禍了，不是簡單得罪了班超，而是把中國這個東方文明大國給衝撞了，這不是兒戲，不是小孩家家酒。長史府報到朝廷的八百里加急估計剛到洛陽，朝廷的十萬大軍隨後就到，這時要是放走你們，大軍來了見不到入侵的敵人，打誰？萬一有人說我們謊報軍情，這可是滅九族的大罪。現在就是長史大人想饒了你們，他也怕朝廷怪罪，要擔責的。」把個謝副王嚇得臉色煞白，摘下腰間的寶玉腰佩遞給白狐，再三央求，救人一命，勝造七級浮屠。白狐見火候差不多了，就第三次稟報班超，該見了。

「你們以為自己是誰，到哪兒都能撒野？！」班超見面就是一句喝斥，謝只剩下磕頭請罪。

這位七萬大軍的大月氏統帥，從前晌一直等到後晌，才等到大漢西域長史願意見他，總算抓著救命稻草，就是有多低三下四，他也顧不得臉面了。班超說：「你們那個閻膏珍，娶親不成刀兵相見，命你謝副王率領數萬大軍來胡鬧，侵我田土，犯我邸府，是土匪行徑，強盜做派，大逆不道，不義不仁。你在我家門口撒野，玩火，我們沒有打你，讓你盡著興玩！玩唄！你現在玩夠了，玩累了，玩餓了，知道玩大了，玩出了麻煩，不好玩，是不是？《尚書》曰：『天作孽，猶可違；自作孽，不可活。』你們犯了這麼大的罪，按說是絕對不能原諒的！」說到這裡，班超頓了頓，喝了一杯茶，看著謝副王在瑟瑟發抖，這才接著說。「但你既然求到白譯長，知錯了，願意改正，好！我給他這個面子，你趕快帶著隊伍回去吧！本長史就原諒你一回，也不追著打你！」

謝副王一聽此話，連連叫苦，不停地磕頭，又央求白狐說情，言道：「軍中連一粒糧食都沒有了，馬匹已經開始死亡，不要說回國，恐怕走不出疏勒就會全軍覆沒，變成一堆堆臭肉。大漢乃仁義之邦，一定不忍這麼多人暴死野外吧！請長史大人可憐，賞一點吃的。我回去一定奉勸國王，痛改前非，與漢和好，年年進貢，永不再犯！」

話說到這份兒上，班超覺得達到了目的，就請謝副王寫下書面保證，然後讓人拿來吃食水果，先解決一下謝的肚子問題。就在謝的嘴巴咀嚼咀嚼的時候，他又臨時想了一個武器換糧食的主意。理由是漢軍的用度都是朝廷出錢，從市場購買，朝廷的計畫裡也沒有多餘的糧食草料；疏勒國小民窮，一下子供應了大月氏七萬大軍，許多人就得餓肚子；但謝副王如果能用武器換，一件兵器換一個人的口糧，再搭配一些草料，長史府可以出面做個中人。

這一招其實挺狠的，就是讓大月氏七萬大軍全軍繳械，空人回去，以免吃飽肚子撐的，沿途為禍。謝副王一臉驚愕：武器乃軍人的第二生命，這麼一交，還不跟難民一樣！可是人到了窮途末路，同意也得這麼做，不同意也得這麼做了，哪裡還有別的選擇，只求給他本人留下一把指揮刀。班超這下卻表現出意外的大方，主動提出軍侯以上的軍官都保留武器，以便管束部下，反而讓謝副王感激不已。

好在大月氏人記住了自己的承諾，從此與漢朝交好，年年進貢，再也沒有發生過不愉快的事情。

移情

自古冤冤不相報，總因情緣說故事。

卻說米夏自從班超分居後，情緒一直不太好，憋悶，煩躁，想兒子，想父母，有時也往隔壁的哥哥家散心，看到嫂子對葛季吆五喝六，那孩子低眉含淚，眼裡全是委屈，忽然母性大發，以自己孤單為由，將這可憐的孩子領回家，姐弟倆相依為命，似乎倒有了精神的寄託，也不再那麼心神不寧了。三嫂說葛季的母親混蛋、惡毒，差點殺了你的兒子，你何必憐憫於他！她苦笑作答：「母親欠的債，哪能讓兒子償還，何況他和我流著一樣的血脈！」

平時小弟弟在漢學館上學，米夏在家做飯拾掇屋子，也不大閒。忽一日葛季回來，用手捂著鼻子，滿面都是血，臉上卻堆著笑。問了緣由，才知每天放學路上都被一幫孩子欺負，今日是班勇出頭，與他聯手，教訓了那一幫臭小子，他們以後再也不敢欺負他了。小弟弟說著，嘆了一口氣：「可惜班勇馬上就要去洛陽了，我在班上又沒了朋友。」

乍聽班勇要去洛陽，米夏一下子心亂如麻，不知道是高興還是焦急。傍晚到漢軍採辦處找到吉迪，讓他約白狐出來，問個究竟。在吉迪的心裡，長史是他的恩人，公主是他的偶像，很不理解兩個大好人，怎麼就弄不到一塊兒了，感嘆世事過於複雜，許多問題無法想像。

第二天，白狐背了一袋子稻米到家，還帶了兩顆大萵苣。這是蘆草湖屯軍自己種的，給米夏嘗嘗鮮。他自救了班勇，就覺得和這孩子更親了，愛屋及烏，自然也關心其父母的分合。談起班勇去洛陽，他希望米夏給予支持，因為那是班超深思熟慮所決定的。究其原因，卻與洛陽的朝堂有關。

漢章帝劉炟在位不到十三年，過度沉湎於後宮之歡，日日施雨，很快把身子掏空，突然於去年孟春一病不起，一生只活了三十一歲。他那九歲的太子劉肇即日登位，號為和帝。竇憲的妹妹竇蕊母以（養）子貴，假皇太后的身分臨朝稱制。章帝生前曾與竇固深談西域問題，頗以班超「以夷制夷」的方略為然，卻也透露出朝臣對班超的擔心：長期擁兵在外，又與諸國相交甚密，極易自重。竇固想了很久，才想出一個讓朝廷放心的辦法，那就是讓班超將小兒子送回洛陽，性質與附屬國送質子差不多。老恩師一反常態，專門寫了一封信，可是信還在路上，老將軍也急急忙忙追隨先帝去了。

老恩師離世的噩耗是長子班雄報來的，信上還說他已經榮升祖父。世間的事情總是這樣，有悲就有喜，有來就有去。老的走了，小的來了，新老更替，生生不息。班雄已經替父弔孝，為竇固將軍守了三天靈。班超認為兒子做到了極致，讓他略感安慰，但是想起竇固將軍的知遇之恩，他一直忙於西域戰事，當面謝謝連一聲都沒說，就天人永訣了，仍不免歉疚。他挑了初一的日子，在長史府的東北角設了一個靈位，與徐幹一起焚香祭酒，追憶恩師，不免喟嘆人生的短暫與無常。他覺得對恩師最好的紀念，就是按照老人家的建議，將小兒子送到朝廷的眼皮底下，以安君心。

東漢的社會是男權社會，家庭的大事是男人做主，女人的同意與否，本來就無關緊要，何況這個女人已經被休，沒有了參與家庭決策的權利。所以班超沒有徵求米夏的意見，只是讓白狐通知一聲。米夏沒有挑理，不管她與班超是個什麼關係，母親對兒子的關愛源自於內心。她聽說關內經濟繁榮，文化發達，社會穩定，但對班勇來說，那畢竟是一個全新的環境，一個陌生的世界。

從小在沙漠綠洲長大的半大小子，能適應九六城的生活嗎？班超的正妻水莞兒，能善待這個並非己出的兒子嗎？這兩大問題的困擾，令米夏吃不好睡不香，煎熬幾天之後，突然做了一個出乎所有人意料的決定：陪送！剛好解除質子身分的大哥在洛陽開貨棧，賣的都是西域的特產乾果，她可以借押貨的名義上路，班超也不好干預。臨走之前，他又決定連葛季也帶著，讓他也去開開眼界。

其實這次米夏想多了，班超非但沒反對，心裡還暗自高興，因為母親所顧慮的問題，他這個父親也擔心。要麼怎麼說夫妻之間息息相通呢，大事上往往能想到一起。送行的時候，他還特意囑咐米夏，到了洛陽多住一段時間。米夏自忖：住長住短得看心情，沒準老娘不回來了，省得誰看誰彆扭。

一路雖然艱辛，尤其要照顧兒子以及比兒子更小的弟弟，累的是體，操的是心。好在路上所見所聞，都是新鮮，特別是進入陽關之後，越往東越養眼，一會兒紅山高矗，一會兒青峰入雲，河流回轉，大路暢通，田連阡陌，雞犬相聞，更是讓他們興奮不已。進了洛陽城，正趕上秋天的毛毛細雨，打開車前的簾子，但見綠樹紅牆之間，傘蓋一片，搖晃移動，好半天不見人影。見了人影，卻是羅釵鮮豔，傘藍傘紅，兩個水水的女兒家，屈膝行禮，齊聲喊她「二娘」！

打紅傘的是班雄的媳婦，半歲孩子的媽媽；打藍傘的是班雄的妹妹班韶，也已經出閣。米夏還不習慣「二娘」的稱呼，何況已經沒有名分了，嘴裡胡亂答應著。兩個少婦先把米夏扶下車，轉圈兒打量一番，嘖嘖地誇讚一陣，竟戲謔她們的父親真是豔福大，眼力好，娶到這麼一個大美人。這時朱門裡走出一個上年歲的婦人，一襲青衣，一塊藍帕，腰上繫著褐色的圍裙，兩隻溼手還在圍裙上揩擦。滿臉細密的皺紋，記載了歲月的消磨，明眸蛋臉的表情，還留有年輕時的風韻。不用說就是水莞兒了，略顯木訥地笑著打招呼，與班韶的眉眼挺像。

「姐姐……」猛然見到這個女人，米夏不知怎麼就心頭一酸，淚水奪眶而出。她想這個女人三十歲上獨守空房，十六七年過去，已經春秋遠逝，顯出老態，一輩子差不多交代了，而自己還不到她當時的年紀，也變成孤單婦人，一時同病相憐，嘆息為何做班超的女人就如此命苦呢？她先是與水莞兒雙手對握，想好好說兩句話，無奈總也忍淚不住，只叫了聲姐姐，竟與其緊緊相擁，兩人都輕輕啜泣起來。惹得小輩們也眼淚兮兮，趕緊勸母親讓二娘進屋休息，人家走了小一個月的路了。米夏這才想起讓班勇給大娘磕頭，與嫂子、姐姐相認，並把葛季介紹給他們。

水莞兒給了班勇一包錢幣，以為見面之禮，也給了葛季一包，然後把米夏領到上房的右間，給她居住，讓班勇和他小舅舅，住到門口的倒廈裡，以前是班超給人抄書的書房。米夏謝過水莞兒周到的安排，就聽到院子裡有男人說話的聲音。班雄與妹夫一起回來了，進門就向米夏行磕頭之禮。

米夏看著比自己只小幾歲的大小夥子，喚她二娘，心裡怪怪的，又不好多說，顯然班超沒有把休她的事告訴家人。她給每位小輩都準備了禮物，以心換心，全家人對他也都很熱情，班韶竟然扳著她的肩膀，說她與二娘有緣，就好像以前見過似的。水莞兒點了一下女兒的額頭，嗔她：「鬼丫頭，就你嘴甜！」一陣嬉笑過後，迎來了米夏的大哥大嫂一家，大家就坐到餐桌上，吃起了主婦精心準備的家宴。

這個小院兒從來沒有這麼熱鬧過，幾十年沒有過的大聚會，令家裡的大人小孩都很興奮，一頓飯從後晌吃到黃昏。夜裡，左右房居住的兩個女人，竟然都睡不著，索性搬到一起，互相領略對方的體會。

女人在一起不是說孩子就是說男人，很難找到別的話題，特別當兩個女人屬於同一個男人的時候，對男人的議論更是事無鉅細。

水莞兒年近五旬，對男女之間的事情都看開了，她十分關心班超的身體，問他在盤槖城的起居，飯量，公事忙閒，瘦了還是胖了。米夏則對班超以前在老家的事情感興趣，問他脾氣大不大，生意好不好，交往的都是些什麼朋友。說得高興，一個姐姐長，一個妹妹短，似乎親姐妹一般，內心沒有任何芥蒂。雞都叫頭遍了，還沒有一點睡意，興奮的水莞兒突然說：「那年聽說你要和孩子爹一起回來，我曾經在新被子的裡子上，留了一根針，想著扎你。」米夏聽了，不但不反感，還把水莞爾摟得更緊了。她感到這個女人好可愛，真的，以前還擔心和她見面吵架，爭風吃醋呢！直到天快亮了，水莞兒才突然想起，一早就該去大伯子家見婆婆了，我們還是睡一陣吧！

班超的老母親已經七十六歲，頭髮花白，牙沒剩下幾顆，耳朵也不大好使，但眼睛卻一點沒花。見了班勇這麼一個半大孫子，給她磕頭叫奶奶，眼睛直勾勾地盯著，樂得臉上開了花，嘴唇囁嚅半天，也沒聽清老人家在說什麼，忽然就拉了班勇的手，讓他幫著打開炕頭的小箱子，窸窸窣窣好一陣，從箱底翻出一個紅布包，一層層打開，裡面是一副帶鎖的銀項圈。看來存放很久了，布子有一股淡淡的潮溼味。

老太太抖抖索索，雙手舉著項圈，非要親手給孫子帶上，結果舉了幾次，也沒舉過班勇的頭頂，往後趔趄兩下，身子就站不住了。水莞兒和米夏一起上前攙扶，但見老人臉色通紅，嘴唇發烏，忙叫班固兩口過來看視。幾個人手忙腳亂，將老太太平放在炕上。

作為長子的班固翻了翻母親的眼皮，又試了試鼻息，平靜地告訴大家：「老人歿了。」接著就在他指揮下人燒熱水，支涼床，安靈位，找香爐，安排妯娌仨給老人洗臉、洗腳、梳頭、換老衣，穿得花花綠綠，還往臉上塗了一些胭脂，趁身體還未僵硬抬到涼床，蓋上被單，點上長明燈，在靈位前跪下，恭恭敬敬點上三支祭香，三磕九拜。一切安置停當，這才招呼所有家人跪在靈前，嚎啕大哭，一是抒發後人的感恩之情；二是用哭聲向鄰居報喪：他們家老太太走了。

米夏突遇此事，大驚失色，覺得不可思議，婆婆剛才還好好的，怎麼能說死就死了呢？但班固出奇地平靜。他說：「老人其實是專門等班勇的，半年前已經時常懵懂，說話顛三倒四，幾次都氣息奄奄，差點過去。接到小孫子要回來的信兒又來了精神，醫生都說是迴光返照呢！見到你們後，老人家也沒有任何遺憾了，你看，母親開心的微笑一直掛在臉上。所以，我還要感謝你們母子呢，是你們給了她念想，給了她力氣，讓她多活了幾個月。」

班固的話讓米夏稍感安慰，但她的心裡一直有個心結，不明白老婆婆對孫子那麼上心，卻對她這個生孫子的媳婦甚是冷漠，從見面到永訣，幾乎沒有在乎她的存在，難道中原人真的拿小妾不當媳婦，做妾的在家裡沒有任何地位？沒有她這個妾，老人家的孫子能從石頭縫裡蹦出來嗎？然而她的話難以和任何人說，而且沒有時間說。

接下來的幾天裡，孝子賢孫們都在守靈迎客，事務性的工作全靠媳婦，米夏又不大懂規矩，往往事倍功半。繁瑣的中原喪儀，一批一批的弔唁者，把她忙得連軸轉，腰也酸腿也困，只要倒下身子，便能呼呼大睡，根本沒有時間思索老人的內心世界。直到老婆婆的靈柩，被送往扶風的班家祖墳安葬，她再一次和水莞兒睡在一起，才有機會提出自己的疑問。

水莞兒安慰米夏說：「老太太最後的日子，是半陰半陽的，身子在人間，魂早都走了，所以糊里糊塗，不是心裡沒你。都死去的人了，也不用和她計較。倒是他爹那個沒心沒肝的，自己躲在那麼老遠的地方享清閒，讓我們一幫女人和孩子，替他在老家行孝，他這一輩子都欠著我們的，欠得多了，我們下一輩子要讓他還，讓他當牛做馬還！」

說著說著，水莞兒傷心地哭了。她這一哭就收不住，似乎要把十多年的悽風苦雨，艱難煎熬，一股腦全吐出來。米夏實在找不到安慰的話語，也陪著哭，哭著哭著，也哭起了自己的心酸。一想到老太太眼中無她的表情，心都涼了半截，妾在班家都沒有地位，她連妾都不是了，還住在班家有什麼意思！

天明後，米夏提出自己和弟弟搬到哥哥那裡去住，只把班勇留在家裡。水莞兒急了，追根究柢。米夏只好如實相告，自己和班超不相干了。水莞兒剛開始不信，等了解了事情的經過後，就把她的頭緊緊攬在懷裡，像母親一樣抱著，久久都沒有說話。一會兒班雄的媳婦來請早安，倆人才草草收拾一下，虛與應付。及至兒媳離去，水莞兒深情地說：「不管分不分，他是這一群孩子的爹，咱倆是他們的娘。從今日起，你就是我的親妹妹，哪裡也不用去，就在家裡住著，我和你還沒處夠呢！你弟弟也不能走，我看他和班勇形影不離，說是舅舅外甥，其實就跟兄弟似的，一起上學多好。」

米夏感謝水莞兒真心待她，但搬走的決心已下，卻是不能更改。水莞兒一看攔不住，就說：「妳捎給徐幹家的東西，好意思讓我這個老太婆去送，妳也不陪著去一趟？」

米夏不好意思地笑了，心裡更感激水莞兒的善良。於是倆人又帶著班勇、葛季，往扶風老家探望徐幹的家人，順便在水莞兒娘家住了半個來月，還和徐幹的媳婦一起，往兩個男人當年學武的廟裡上了布施。

回到京城，天氣漸冷，秋葉金黃。早有太后的懿旨在家裡供著，要米夏帶著班勇前去晉見，著實讓一家緊張不安。班雄說：「弟弟回來屬於明私暗公，表面上是家事，實際上是國事，要說太尉府安排人慰問一下，也說得過去，怎麼就動了太后的大駕，還是問問姑姑再去吧！」

班勇的姑姑班昭，自小受父兄的影響，學富五車，十四歲嫁給同郡才子曹壽。曹壽少年得志，曾與人共著《東觀漢記》，還為明帝之母系作外戚傳，可惜人過慧易夭，年紀輕輕就死了。班昭才女薄命，早早寡居，深居簡出，恪守婦道，便把一切的精力都用在教育子女和讀書上，其見地不在大丈夫之下。中年之後，班昭深得幾代後宮器重，常常被請去答疑解惑。竇后之後，甚至在後宮開館授課，被尊稱為「曹大家」。班昭見到米夏和班勇很高興，覺得竇太后很年輕，見識有限，也許就是一時好奇，沒有別的意思，建議米夏以平常之心待之，用不著提心吊膽，還鼓勵班勇打起精神，到了後宮，要為班家長臉。

米夏母子被太后身邊的大紅人蔡倫引領，走進了謎一樣的皇宮。皇宮裡已經生火，凡是有人的地方，都被木炭火烤得暖烘烘的。坐在深宮大殿的太后竇蕊，雖然年輕輕就守了寡，但滿臉的青春與嬌媚，一身的華麗與富貴，舉手投足間，都透出俯視天下的霸氣，與她的年齡似不匹配。看見米夏母子朝上跪拜，口呼千歲，好久才准予平身，跪得米夏膝蓋疼疼發脹。但竇太后哪裡顧得一個異域女子的心情，她手握天下生殺大權，一言九鼎，眼下朝廷的一切都是她說了算，只把那個從別人手裡奪來的劉肇，名義上尊為皇帝，實際也就是個傀儡。

竇太后是在廷議班超「配婦固邊」的奏章時，聽了衛侯李邑所奏：班超的小妾米夏，曾經帶著兒子替丈夫搬兵，是一個有膽有識的奇女子。現在送兒子回京了，還替班超為老母送終，稱得上「忠孝」二字。這個李邑，西域一行似乎改變了處事風格，每有機會，就替班超說好話，大約也是被班超以德報怨感化了。

竇太后還真是班昭分析的那樣，一時好奇，就想找來米夏看看是個什麼樣子。瞧著這疏勒公主長相雖與漢人不同，眉宇間卻透著異樣的美豔，也不汙沒她的眼睛，就一邊吹著長長的美甲，一邊漫不經心地說：「妳們家丈夫，這些年在西域做得不錯，天山南道也打通了，哀家很是高興，長了大漢的臉面，很好。他這次請求哀家，徵召關內歌妓與年輕寡婦，配與屯軍，以安心固邊，哀家已經准了，妳知道他是怎麼想出這個主意的嗎？」

在米夏的印象裡，班超以前曾經提過，要想保證西域的穩定，防止外部勢力的干涉和顛覆，朝廷在當地必須有一支穩定的力量，而這支力量不能成為朝廷的新負擔，漢朝每年花八千多萬錢操辦西域事務，負擔已經很重了。為此，他想把年齡大的漢軍派去屯田，和平的時候種地養蠶，打仗的時候拿槍上馬。種地養蠶也要有名堂，要把關內和西方國家的先進技術、好作物品種及時移植過來，以為示範，讓當地人效仿，給當地帶來實實在在的好處。為了穩住屯田隊伍，必須從人性方面考慮，給他們娶媳婦成家。有了家就有了根，就能世世代代紮下去，屯田的事業也就能千秋萬代。

米夏記得班超當時也就那麼一說，後來她就與班超兩不相干了，哪裡知道他有什麼奏章。她覺得話會越說越多，說多了難免出錯，萬一哪句不合頤指氣使的太后之意，就會給自己找來麻煩，還不如直接拒了話題。她說：「啟稟太后，民女以前是班超的小妾，只管照顧老公和孩子，現在被班超休了，只是個普通婦人，更不清楚人家想做什麼。這次本是送兒子過來，讓他在京都接受良好的教育，沒想到會有天大的榮幸，竟然被天下仰慕的太后召見，我這一輩子就沒白活了。」

竇蕊沒想到米夏的漢語說得如此流利，還順便恭維了她，心裡十分受用，就打發譯官下去，用不著了，讓米夏坐近點，問她：「妳既與班超分道揚鑣，為何還幫他搬兵，打自己的父親？」

米夏說：「那時還沒被休，漢軍只剩下二十幾個人，一個個餓得皮包骨頭，快死了，半根胡蘿蔔傳一圈沒人捨得吃。我又心疼，又同情，又著急，找人夜裡投食給他們，又被敵人下了毒。困絕之時，班超使了個詐死之計，我就帶著兒子到于闐搬兵來救。太后，我認為我一個女人家，搬兵救人是最有功德的事，一輩子都不會後悔。至於父親，雖然他為賊人所惑，一再叛漢，恨得人咬牙切齒，也確實該死。但他是生我養我的父親，我不能殺他，也不希望自己最親近的人殺了他……」

說到這裡，米夏失控哽咽。竇太后非但沒有怪罪，還說：「哀家作為女人，理解一個女兒家的感受，也真難為妳了，那個李衛所言不差，妳還真是個奇女子！下一步，有什麼打算？想沒想過在洛陽住下去？」

老實說，米夏自己也沒想清楚下一步怎麼辦。她打算先在洛陽住一段時間，等兒子適應了，穩定了，她還要回疏勒去，她屬於疏勒，那裡是她的根。竇太后也問了班勇幾句，念的什麼書，喜不喜歡洛陽等等。班勇一點也不怯場，一一回答，聲音洪亮，頗有乃父之風。竇太后聽得高興，就讓班勇站到她面前，誇讚這孩子濃眉大眼，稚氣裡透著英俊，卻與漢家小鮮肉的帥氣不同。米夏聽了也高興，接下來又回答了竇太后許多問題，都是竇蕊從宮裡聽來的西域傳說，有的是風俗民情，有的純屬以訛傳訛。

位居九五之上的竇太后開心，賞了一大堆珠玉翠寶，還頒了一道特別的恩旨：有事兒可以直接找她。米夏正要謝別，忽見屏風後面閃出一員高大帥氣的男子，見了竇蕊，十分隨便地跪下一拜，不等太后說「平身」便自己起來，似乎不太耐煩地問：「出擊匈奴的事情，到底考慮好了沒有？」

不等竇蕊回答，男子的眼光已然掃到了米夏母子，就問：「這是西域長史班超的夫人和兒子吧！先帝最欣賞他提出的『以夷制夷』了，我也很佩服他的膽識。他帶著幾十個人縱橫天山，南討北擊，比陳睦的幾千人馬都管用，他的事情我一直很關注，幾年前派援兵的事情，還是我和太后一起幫的忙，你不知道吧？」

正準備送米夏出殿的近侍蔡倫，趕緊用他的娘娘腔提醒母子倆，拜見國舅爺，侍中竇憲大將軍。米夏趕忙屈膝行禮，讓兒子跪下磕頭。竇憲卻說：「不用多禮，你們再少坐一會兒，我問幾句話。班超在西域現在頭疼的是誰？他的靠山是誰？」不等米夏開口，兒子高昂著頭回答說：「父親日夜所慮者，龜茲也。龜茲背後的後臺是匈奴，匈奴一日不滅，西域一日不寧！」

「說得好！」班勇話音剛落，竇憲拍手叫好。「哎呀這班超的兒子，才十一二歲吧，都知道匈奴是大漢朝的威脅，可見班超在西域壓力之大，連孩子都感染了。匈奴不滅，豈止西域不寧，整個華夏大地都不得安寧。所以我請求領兵出擊匈奴，根本不是一時心血來潮，而是想徹底解除匈奴的威脅，讓我們國家長治久安呢！」

竇太后柳眉微蹙，呷了一口蓮子銀耳茶，這才說：「哀家再三顧慮的，是你沒有打過仗。大軍一出，性命攸關，不是玩兒的。」

竇憲說：「我又不是到前方去衝鋒，只要運籌帷幄指揮好就行，兵怎麼帶，仗怎麼打，還有底下的將軍、校尉，他們可都是有經驗的。再說每個人不是先學了打仗才會打仗，這位小班勇的老爹，以前也沒打過仗，在西域不是打得很好嗎？」

竇蕊見哥哥拿班超做比，也就徹底放下太后的架子，不再反對，甚至有點發嗲地說：「你既然想好了，就依你吧！」

西元一世紀後期，一場規模宏大、中國歷史上戰果最為輝煌的對匈戰爭，就在一個異域寡婦的眼皮底下，由一個諳熟宮鬥之法的年輕寡婦，一念之間決定了。米夏見慣了班超斷事，以小見大，事皆一理，倒也不覺驚奇。但她是個被政治傷害的女人，一心想遠離政治，沒想到事有碰巧，在洛陽又遇見如此重大的政治，怕也是命裡躲不過的。但這場戰爭離她很遠，幾乎可以視而不見，她搬到大哥的貨棧後，很快就忘了。

為了讓班勇盡快融入班家，米夏盡量減少對兒子的探視，間隔從三天、五天，再到七天，到底是男孩子家心大，很快就適應了。因為班勇被安排在宮邸學，學子都是二千石以上官員的子弟，其他人進不去，與只能讀普通學堂的小舅舅也無法每天見面，所以米夏探望兒子的時候，也是兩個孩子玩得最開心的時候。

一個偶然的機會，米夏對做生意上了心。那天哥嫂正忙著進貨，貨棧來了一位商人，要買很多核桃，讓他招呼一下。她業務不熟，就讓客商進到櫃檯裡面，自己選貨，自己稱重，自己算好金額，她光負責收錢。結果客商貨款一文不少，也沒討價還價，走的時候還高高興興，說就衝東家對他的信任，以後就專買她家的乾貨了。大哥發現她無意間創造了一種新的商業模式——開架售貨，後來屢試不爽，他們家的生意越來越好，每日裡貨出錢進，天天都有收穫。

米夏也從此喜歡上了做生意，而且有她往店裡一站，來的人就特別多。好多人是慕名而來，買東西只是個由頭，實則為一睹西域奇女子的風采。因為太后一召見，她的故事已經家喻戶曉，傳遍洛陽。她也不像漢家女人那樣忌諱出頭露面，笑臉迎客，安心數錢，把她大哥大嫂高興得手舞足蹈，就差把她供起來了。

但是，世上的所有的好事都不能長久，這彷彿是一條魔咒。到了夏秋之際，米夏跟著大哥到會稽進綢緞，順便做了一次觀海聽濤的旅遊。久居沙漠綠洲的人。初見比西域的沙漠更大的海洋，蔚藍蔚藍，一直通向遙遠的天邊，不是一般的興奮，心胸霍然開朗，也懂得了天外有天，西域以外的世界更精彩。不料身體不爭氣，幾天後身上長了很多小腫塊，奇癢難耐，用手一抓就破，破了就流黃水，皮膚開始潰爛。他們趕緊訪醫問藥，看了好幾個郎中都不見好，難受得生不如死，躺在驛館的床上，聽著窗外的雨聲，想著一死解脫，又放心不下兒子和弟弟。好不容易回到洛陽，透過班昭輾轉求到一位太醫，診斷是氣候不適所致。

太醫到底是見過世面的，分析米下在乾燥地方住慣了，到了洛陽，冬春還好，夏秋之季大熱大溼，體內的發物排洩不暢，集聚成為毒素，到一定時候就會爆發出來，回到長期生活的西域自然就好了。班勇問：「我怎麼沒有這種反應，單單母親不適，而且去年也沒有發病？」

太醫說：「這是個體差異，加上男女差異。上天在造人的時候，原本就設計了百人百面，千人千性，不是每個人都一樣的；去年未發，是因為體內的病因還未啟用，就進入冬季了；今次要不去南方，也許還不會發；吳郡最是溼熱，這番引發，雖能治好，卻不能去根，恐怕以後每年都會犯的。」

到底是天不留人，還是地不留人？或者真應了米夏對竇太后說的那句話：她是疏勒公主，還要回到疏勒去！儘管班超的家人都很好，大哥的生意也需要她，但米夏怕舊病復發，還是趕在永元二年（90）的初夏，押著用太后賞賜的財寶換來的絲綢布匹，踏上了通往西域的道路。為了安全，班雄特意聯繫她的車隊與郵差同行，一路得到很好的照顧。到了敦煌，已經當了太守的溫校尉，親自安排人護送到陽關，又聯繫駱駝隊，把她的運貨車換下，還給她派了一個「護衛」。

這個護衛年方二十一二歲，長得人高馬大，英武帥氣，腰挎長劍，背負大弓，從一匹棗紅馬上跳下來，行了軍禮，尊米夏「伯母在上」。米夏瞅著這青年有幾分面熟，馬上就想到自己的救命恩人霍延。溫太守說：「正是霍延的長子霍續，幾年前辭了父親給他安排的學徒，到敦煌大營投軍，力氣大，心眼活，有他爹的做派。眼下是個隊率，成天想要去西域，替父親報仇，又聽說他乾爹丟了一隻手臂，就更待不住了，你就把他帶回去交給班長史吧！」

米夏早已熱淚盈眶，端端在這裡見到班超的長官，又遇上恩人的孩子，想著班超的人緣還真是不錯，到哪兒都有人記掛著，人家愛屋及烏，惠及了自己。她下意識屈膝行禮。霍續趕緊對面跪下磕頭：「伯母這是要折煞小姪子，萬萬不可！」

米夏說：「你父親救了我的命，犧牲了自己；你乾爹為救班長史，受了重傷，你是他們的兒子，這一拜完全受得。到了西域，讓我慢慢報答你吧！」說完就上了一批白馬，透過陽關，跟著駝隊走向茫茫大漠。

現在的大漠之路，比十幾年前好走多了，每一里都有路標，三五十里就有歇腳點，供水點，路上商隊不絕，互相也有照應。夜宿甜水泉時，韓發與霍續成了好朋友，也要到長史府當兵，米夏勸阻不住，就帶了一路同行。

米夏是個有恩必報的女人，一到于闐，就抱了好幾匹上好的綢緞去王府，感謝于闐王。要不是于闐王再三幫助，班超早不在人世了，她和兒子也不知會被命運拋到哪裡。廣德的那一群王妃，看見這一堆花花綠綠，抱起米夏就親。廣德執意要付錢，理由是米夏現在是做生意，做生意要按生意場的規矩辦事。米夏不依。廣德又說：「你我都是幫班超，幫班超就是幫漢朝，幫漢朝就是幫我們自己，你想沒有班超重新打通天山南道，匈奴人還壓在頭上，哪有我于闐的好日子，哪有你疏勒的好日子！所以我與班長史之間，主要是國家大義，其次才是個人私交。」

廣德再三說班超是個難得的好人，幹大事的好人，對於米夏與之分手，他感到挺惋惜。幾個王妃就攛掇著米夏與班超和好，畢竟夫妻沒有隔夜的仇，都幾年了，還是趁年輕，和和氣氣過日子吧！米夏本來也是做了精神準備，打算試著接受班超，就朝他們點了點頭。又聽廣德說大月氏七萬大軍到了疏勒，班長史正在實施飢餓戰法，估計大月氏人堅持不了幾天，你等一等再走吧！

迫於兵事，米夏暫住于闐。好在禍兮福所至，她也沒時間犯愁。她送出去的綢布被王妃們一顯擺，迅速傳遍了于闐的上層社會，富貴人家的女人私下議論，公主就是公主，眼光就是不一樣，選的貨色品質非常好，客人們你帶我，我帶她，一傳十，十傳百，貨物很快就售罄了。米夏喜出望外，卻不能放運貨的駱駝空回陽關，便就地買了一批玉石籽料，又從附近的皮山等地採購了一些薄皮核桃，找了鏢局護送，發給洛陽的大哥。等大月氏的飢兵一撤，就及時回到疏勒。還沒進城，遠遠看見班超帶著徐幹、白狐等人在路口迎接，令她有些不可思議，又有點受寵若驚。

其實米夏蒙在鼓裡，高子陵特別派韓發先走，是去給班超報信。那天她和廣德的談話被高子陵知悉，高老博士發現她對班超的家人印象挺好，也有和班超重歸於好的意思，就安排韓發先走，「勒令」班超在第一時間收回休書，主動與米夏和好。書曰：「長史能踏平西域，卻哄不了一個女人，算什麼英雄！」班超本來就沒想真心離異，目睹米夏送兒子回京，倆人都想到了一處；前期水莞兒來信，又說了米夏為母送葬，陪她去扶風探親，和孩子們十分親暱等諸般之好，數落他老牛還嫌嫩草香，也不想想自己多大年歲了！

過了近三年老光棍生活的班超，這次準備聽從老友高子陵之勸。加上剛用智慧卻退了大月氏重兵，霍續和韓發又前來投軍，好事一樁接著一樁，想著他出使西域，後繼有人，心情特別高興。就打發李兗和韓發遠遠去探，得到消息後約上徐幹和白狐，從路口接上美人直接領進長史府的家裡，又囑咐老傭人備好酒菜，三人一起為米夏接風。那兩個配角聽說米夏見了竇太后，還見了在幕後操縱朝政的竇憲，話題就特別多。而徐幹一問起家裡的事情，更是沒完沒了，從老爹老娘，到老婆孩子，特別是他的大孫子，長多高了，有沒有禮貌，倒把主人給晾在一邊。

班超不滿地咳嗽了兩聲，讓師弟多少體諒一下他這個師兄，然後提起酒觚，就說要連敬米夏三觚，一則感謝米夏替他盡孝送老母，二則感謝她與家人和睦如親；三則感謝她送子歸來，一路辛苦。這三觚酒，米夏的確受之無愧，欣然飲下。徐幹和白狐也敬了酒，然後就放下筷子，眼巴巴等著老班說最重要的話。班超端起酒觚，尷尬地笑著，卻半天說不出來，憋得臉色彤紅。白狐打趣說：「老兄要是十八歲，這般靦腆倒也罷了。如今幾個十八了，還有啥抹不開的！」

徐幹也在旁邊煽惑，要倆人喝個交觚。班超鼓足勇氣，第一次稱米夏為夫人，說道：「既然國舅大將軍竇憲都這麼稱呼了，你也應承得起，從今就回家住吧，以前委屈你了！」就這幾句，把米夏說得喜淚直湧，與班超交觚時竟然嗆著了。

久別自然勝新婚，天下誰人不念舊。老媽子燒了兩大盆熱水，夫妻倆各自洗浴，天一黑就鑽進了被窩。不料難言之隱悄然降臨，班超無論如何都不能入港，弄得兩人都很掃興。開始以為是精神緊張，放鬆後即可恢復正常。結果若干日子過去，越發不能。用了幾種民間的土辦法，毫無治療效果，又不好揚鈴打鼓地請醫生，夫妻間的生活，沒有了那如火如荼的親密，就像一碗沒有放鹽巴的飯——寡淡無味。

不久，從洛陽運回的絲綢布料到了，米夏便在三哥的鹽巴店旁，盤下一個店面，開起了綢布莊。她親自招攬顧客，結帳時往往捨零取整，一時間生意火爆，經常賣得斷貨，不得不接受預訂。

米夏幾兄妹的生意，越做越大，逐漸壟斷了疏勒的鹽巴、鐵器和綢布。隨著店面的增加，經營範圍的擴大，資金逐漸緊張，米夏找到吉迪幫忙。吉迪手裡的錢都是漢軍的專款，不敢動，又不能不幫，就轉求白狐，想著他手眼通天，一定會有辦法。白狐很欣賞米夏的潑辣能幹，有機會幫人，自是不會袖手旁觀。他的手頭還有一點錢，是妓院的老鴇「孝順」的，但是數量太少，解決不了問題。於是就找到怡紅院，把個鴇兒一摟說：「你的錢放在箱子裡又不會生子兒，不如借給米夏吃利，年息一分。我給你當個中人，但是必須得拐個彎兒，過一下吉迪的手，不要讓她知道是你的錢。」

老鴇想了想：米夏何許人也！又有自己的大恩主白狐作保，還有啥不放心。就說：「你也沒少幫我，那利息咱倆三七分，你三我七。」連白狐也沒想到，老鴇的錢多得出奇，第二天就送到吉迪手裡。

米夏特別感激白狐，關鍵時刻總是他幫大忙，在兒子面臨死亡時是這樣，在自己生意遇到困難時又這樣。她已經猜到錢的來路，但沒有必要說破，人有髒人，事有髒事，錢只是個工具，無所謂乾淨與骯髒。但她成天早出晚歸，不免引起班超的懷疑，幾次詢問，她都說是幫哥哥做生意。後來街上有人鬧事，說是米夏兄妹吃著公子公主的例行供應，又在市場與別的商家搶飯吃，別人自然是搶不過他們。兄妹幾個一商量，主動找成大申請斷了供應。但這並未影響到他們的生意，反而使他們更加放開手腳，連糧食生意也做起來了。

樹大必然招風。這時軍中又有人寫匿名信，不知透過什麼途徑傳到監察御史府，告發班超動用漢軍的供給錢糧，幫老婆做生意。幸虧班雄出面辯解，闡明米夏與父親離婚，兩不相干，又有李衛從旁附議，朝廷決定不予追責，但要求長史府做出解釋。

謄文公出身的西域長史，向來做事大刀闊斧，對朝廷卻謹小慎微，他把事業看得高於一切，不能眼看光復西域的大事，在解決龜茲之前，由於旁生枝節而功虧一簣。所以在先後接到班雄的家書和朝廷的公文後，心裡還有點小緊張，責米夏，罵白狐，令吉迪停職檢查，一番雞飛狗跳之後，終於把事情弄了個水落石出，還了吉迪清白。為了慎重起見，他請疏勒王成大聯名，給朝廷做了詳細解釋。不僅如此，他還強迫米夏立即從商圈退出，不要再惹是生非，並把韓陽派給吉迪做助手，不許採供辦與米夏家族的生意有絲毫來往。

然而，班超不合現實的決定遭遇到強烈的反彈。先是吉迪不做，說米夏家族是大商家，貨物品質有保證，價錢也不比別人家貴，特別是鹽巴和藥材，不從她哥哥那裡進貨，就得去外地採購，費時費力還費錢，只要是他做，就不會當傻瓜。再是米夏，大江南北走了一遭，眼界、思想、觀念均非昔日可比，她也習慣了老闆的稱謂，喜歡那種被夥計尊敬、被客戶喜歡的感覺，也就是俗話說的，人進江湖身不由己。再說一個三十出頭的綽約少婦，兒子不在身邊，家務有老媽子做，白天在家閒得無聊，夜裡在炕上望眼欲穿飲淚，只剩下經商的樂趣，還寄託著她生活的一點意義，誰要斷了她人生的這點念想，她也會拚命抗拒。

班超氣急了，讓吉迪「不換腦子就換人」，去管理長史府的軍馬；讓米夏在經商和離婚之間選擇，要麼繼續當長史夫人，要麼當你的老闆。長史的身分特殊，再也經不起朝廷的折騰了。米夏平靜地看了班超老半天，突然發現他老了，兩鬢斑白，額頭的皺紋變成五道，眼皮也有些耷拉，沒有剃乾淨的鬍鬚上還沾有饃渣。她走上前替他擦去饃渣，把臉在他的胸上貼了貼，像是最後記憶一下丈夫的體溫，然後痛快地選擇了後者。曾經滄海，她已經不看重那份「夫人」的虛名了。

又是一年秋將盡，霜染城郭葉飄零。看著米夏離開的背影，年近花甲的班超悵然若失，不禁流下一行酸淚，心想：一個人報效朝廷，立功異域，怎麼就這麼複雜呢！

配婦

下了一夜的雪，黎明竟然停了。早起的人們推門一看，外面是銀色的世界，地上的一切汙泥雜草，枯枝敗葉，都埋在厚厚的雪被下，一點兒蹤跡都不見了。

班超抄了把大掃帚，和官兵們一起掃雪，聽他們議論前幾天住在院子的女人。他招呼大家把雪都堆到菜地和樹下，保暖保墒，然後就和徐幹往各處轉了一圈，草場、馬廄、菜地，夥房。看到有啥不整齊不順眼的，就叫人立刻弄好。這已經是習慣了，跟個管家似的！到了院子後面，瞅見那群被官兵議論的女人，三五成堆，嘻嘻哈哈，油頭粉面，撅臀扭腰，專往人多的地方招搖，擠眉弄眼，勾得那些正在操課公幹的士兵交頭接耳，眼睛盡往她們身上瞅，任官長訓斥責罵，仍然一副嬉皮笑臉的賴皮樣兒，看見他才有所收斂。

「這些女人得趕快分下去，老這麼住在長史府不是辦法：」

班超自己的女人走了，卻要為部下選配女人犯愁。徐幹說：「好事難辦呀，我的老哥哥！」

「配婦固邊」是個利國利兵的好事，朝廷很支持，派人護送來三百個女人，給予屯兵家屬的身分，由朝廷發給斗食（每日一升二），規定不養孩子的時候，適當參加勞動。這些女人也不盡是從良的窯姐兒，還有一些年輕的孤女、寡婦，一些破落家族的奴僕，散班的戲子，以及因犯事被羈押的女囚。南方北方的都有，高矮胖瘦不一，還有部分是識文斷字的，年齡從十七八到三十五六歲。

與此相對應，按照三十五歲以上的標準，漢軍需要配婦成家的有三百五十多人，絕大部分集中在蘆草湖，亦農亦軍。從數量來講，這些女人基本能夠滿足現有需求，缺口不大。長史府鼓勵少量有條件的軍人，與當地居民通婚，但太多也不行，幾百名漢軍一起娶妻，把疏勒城的姑娘娶光了，會威脅到當地青年的切身利益，勢必造成軍隊與地方的矛盾，這也是班超向朝廷要女人的初衷。

但是，要將這批女人和那些老兵一一配對，還真沒有個十全十美的好辦法。愛美之心，人皆有之。饃饃揀大的，女人挑小的。誰不想找個年輕點、水靈點的呢！當官的要按職務高低排序，官大的先挑；年齡大的要按年齡排序，老的先挑；軍功多的要求按貢獻排名，誰的功勞大誰先挑；當兵早的要求按資歷排序，軍齡長的先挑；還有人主張女人面前人人平等，抓鬮最公平。甚至有人提出共妻制，這些女人誰也不歸，辦個「迎春院」，專供漢軍享用，入者掏錢。分管這項工作的和恭，被七嘴八舌的意見搞得暈頭轉向，不得已將困難上交，請班超拿大主意。而班超和徐幹，也都接待過老部下，一個個請求照顧，頗感頭痛。

好事辦不好反倒會招來埋怨，影響士氣。而現在是一人一把號，各吹各的調，看來怎麼分配，都無法保證公平。班超想人生下來就不公平，有貴有賤，有富有貧，更何況世上的事，哪有絕對的公平，能讓大部分人滿意就不錯了。所以他認為該照顧的還是要照顧的，比如跟他來的那三十六個人，只剩下七個了，耽誤十七八年了，除了田慮、白狐、董健、甘英、祭參這五個校尉級別的不用考慮，就只有一個軍侯劉慳和一個屯長了，年齡偏大，還都受過傷，有好事不先想他們，自己心裡都過不去。再是李兗，心思縝密，人前馬後跑了七八年，屁股上都長著眼睛，打那群女人一來就盯上了一個戲子，也不能冷了人的心。

徐幹一聽老大是這態度，光笑，不再說話。班超看出他不以為然，就逼著他拿方案。徐幹哪有什麼好辦法！但他知道女人與財物不一樣，沒法均，就像街頭賣的菜一樣，先來先挑，後來後挑，挑完賣完，一個也剩不下，剩不下也得挑，人就這毛病。問題是讓誰先挑誰後挑，這裡面學問很大。如果老兄這照顧的口子一開，肯定會沒完沒了，誰沒幾個關係鐵的弟兄，一個一個都找來，你照顧誰不照顧誰？最後的結局，就是長史一個一個分配了，還未必不落下一地的埋怨。班超覺得師弟的想法也有道理，倆人討論到朝食之時，還沒有個結果，飯後祭參來彙報作戰方案，就把這難處說給他。

祭參這段時間一直在忙收復龜茲的事，領著一幫參軍反覆推敲作戰方案。他作為與這群女人無關的局外之人，冷靜地想了一會兒，說出個簡單的複雜方法。說簡單，是打分，人人都會；說複雜，在分值的設定上，要把軍功，官階，資格，年齡分別細化算分，最後總和，也不簡單。分數面前人人平等，誰的分高，誰先挑。要想照顧老兵和高級別軍官，就把資格和官階的分值提升一些，等級拉大一些，也就解決了。至於李兗，把他當止奸亭長的時間也算上，排在前幾名的再私下溝通一下，大概就能如願。

嘿！兩位長官犯難的事情，讓小字輩的祭參很快解決了，這也反映出不同年齡層次的人，處理問題的思路差異。條件都公開了，打分是自己打，一級一級核對彙總，很少聽到意見。配對兒的這天，小北風吹著，滴水成冰，很冷很冷。穿戴整齊的漢軍官兵們，手腳雖冷，心裡熱火，一個個臉上掛著不同的笑意，有的還往馬頭上繫了紅布子，以示吉祥。但他們再是猴急猴急，也得等在會議廳外面，豎長耳朵聽假司馬和恭叫號，按順序進去挑選。

會議廳裡邊的女人，待遇就明顯高多了。嗶嗶啵啵的爐火，把火牆燒得暖暖烘烘，屋子裡混雜著各種香料味兒。那個時代的女人沒有現代女人的命，什麼沒房不嫁，沒車不嫁，沒有六七位數的存款不嫁，不高不嫁，不帥不嫁，不富不嫁，通通想都不會想。她們沒有挑男人的權利和機會，只有逆來順受，好壞認命，只能在心裡默默唸叨，盼望自己能遇上個好點的，好到什麼程度，誰也不知道。她們在搴萊和田慮妻子的指揮下，自由站成兩圈，那些想展示前凸後翹細腿柳腰長脖子的，也可以脫掉厚厚的棉衣，盡量顯擺。

在選配開始之前，班超給女人們說了幾句話，他強調將士們年復一年征戰、屯田，用命、用鮮血、用汗水為國分憂，朝廷體恤邊疆將士，徵調女子來陪伴他們，和他們組成家庭，生兒育女，延續香火，目的是為了建設鞏固的西域邊防。她們這些人，不管以前是做什麼的，出身如何，到了西域就是屯軍家屬，一樣的身分，一樣的待遇。朝廷給予她們的生活供給，和朝廷最低階的官奉是一樣的。希望這些女人和官兵組成家庭後，能體諒他們，關心照顧他們，好好過日子，多給他們生孩子。

這時有一個胖乎乎的女人問，生得多了有好處嗎？不等班超回答，白狐已經替他封官許願了，道是：「能生四個就是伍長，生十個當什長，要是能生一百個，那就是名副其實的屯長。」胖女人打趣說：「生一百個那是豬，一窩二十多，人哪能生恁多！」

女人們交頭接耳，一堂鬨笑。班超便和徐幹、白狐、田慮等坐在主席臺上，一臉輕鬆，愉快地分享著部下牽手女人的喜悅。

首先進來的是一位四十五歲的軍侯劉慳，是董健的老部下，臉色黝黑，進門先向臺上的長官行了禮，憨憨地說：「沒想到跟長官打仗還真管發女人，這輩子值了。」

徐幹讓他趕緊挑，後面還排長隊等著。軍侯第一次看見這麼多女人，養眼是養眼，亂花也迷眼，早已眼花撩亂，手足無措，也不習慣對視女人熱辣辣的眼神，乾脆還不挑了。讓誰不嫌他黑，願意給他生娃娃做飯，就跟他走！這要求也太低了，但凡有點拿捏的人都在猶豫，好一陣，才走出一位，低著頭，埋過臉，一副羞答答的樣子。近了細看，但見白白淨淨，五官也周正。芈萊悄悄告之：「你好福氣，是個十九歲的小寡婦。」白狐打趣道：「一黑一白，一朵鮮花插牛屎上了。」

這可樂壞了排在第二名的李兗。他打這群女人一來，就看上了一名戲子，長相俊美，身段曼妙，年方二十四歲，舉手投足間透出一股清雅的韻味。據說是從小賣給戲團隊老闆的，老闆一死，戲班散夥，她就被徵發到西域來了。前天分數排名一公布，李兗是第二名，當下就著急了，生怕第一名占了花魁，那就耽誤了他一輩子的好事。他悄悄跑去找第一名劉慳，央求人家高抬貴手，成全則個。劉慳老兄只是笑，好像吃了發笑的藥，始終沒給他個準話。就是剛才在外面等待的功夫，也是心裡貓抓狗刨似的，惴惴不安，直到看見「鮮花牛糞」，這才把一顆懸著的心落在地上，揮著拳頭大喊：「我搞上美人了！」

也有不如意的，是一個屯長，在還有六七十人的時候，精挑細揀，選了一個嘴角有酒窩的，笑起來挺好看，拉到外面豁亮處，才發現麻子一臉，胸脯扁平，唇上的汗毛像鬍子一樣，想要翻悔。因有「一次定終身」的規矩卡著，已無可能，只好耷拉下腦袋，嘆息認命。有人安慰他：媳婦醜，能活九十九；不管臉有多光，吹了燈都是一球樣！這還真不是胡說，這個痲臉女人第二年生了漢軍第一胎，還是龍鳳一雙，誰提起來都羨慕，那女人母以子貴，屯長再也不嫌棄人家了。這也就是後話！

臘月天短。當日的最後一名女人被領走，已是掌燈時分。班超伸伸懶腰，習慣地喊了聲李兗。白狐提醒他：「你剛給李兗配了一位美人，早都歡歡喜喜領回房子，入了溫柔之鄉。你還不放人一天假，怎麼還叫他？」

班超與徐幹一說，自嘲習慣成自然。他覺得成人之美，功德無量，今天成了六百人美事，這是多大的功德，不慶賀一下怎麼行！

白狐早都等他發話，捷足先登，到班超家裡翻酒。幾個人喝到高興時，竟行令猜拳，聲音高得跟吵架似的，不一會兒，一罈酒就見底了。老媽子怕長史喝多，說沒有酒了。白狐記得自己房子還有一罈，起身去取。剛要出門，幾乎與祭參撞個迎面。祭參一臉沉重，默默地站了一會兒，聲音低低地說：「李兗死了！」

突如其來的噩耗讓三個人都十分震驚，半醉的酒意也完全醒了。來到李兗的房間，但見白天還生龍活虎的警備隊長，直挺挺地躺在炕上，臉部有些扭曲，表情卻是亢奮。醫官使勁搖頭，說是猝死。徐幹似乎還不相信，用手去試鼻息，又感受身體的溫度，一顆淚珠已經滾落下來。他清楚李兗是練武之人，身體一直很棒，當著漢明帝的面撞柱沒死，監獄的環境那麼差，他都挺過來了，戰場的凶險無處不在，槍林箭雨中他都能護住長官，怎麼就死在女人肚皮上，這也太離奇了吧！看到被子上還浸有一大灘血跡，不由得將臉轉向了那位美人。

俊俏的美人怯怯地拉著犖萊的手，渾身顫抖著，臉色煞白，眼裡充滿了極度的恐懼。班超安慰了兩句，讓犖萊將嚇壞了的女人帶走安撫。才從祭參嘴裡聽說，李兗如願得到心儀的美女，過於亢奮，除了吃飯，就是猛做，心急火燎地做，一次又一次，沒完沒了，似乎要把幾十年的欠帳，一下子全還上。晚上又喝了些酒，折騰得太厲害了，突然一頭栽下，沒有氣兒了。女人雖是戲子出身，卻一直守身如玉，初次事人，也沒深淺，嚇得不知所措，衣服都沒穿好，就跑到外面喊人。剛好祭參巡夜回來，就喊來醫官，然後又叫了妻子一起過去。

多好一個小夥子！班超也是唏噓不已。其實李兗也已經步入中年了，只是長相年輕而已。他突然想起事有疏忽，應該及時亡羊補牢。在他的家鄉，男子娶媳婦前，都會有堂嫂或者表嫂對其進行行房示範，順便規勸新婚之夜切勿縱慾。漢軍這些新郎官，年齡雖然不小了，但長期被禁錮，有的可能還沒接觸過女人，屬於生瓜蛋子，極容易貪色不要命。

飯要一口一口吃，事要一件一件做。班超下了一道連他自己都覺得奇葩的命令：「一日只許一次！」這道命令，當夜就傳達到每一位當事人，後來被濃縮成「日一次」，竟成了笑話。

李兗被安葬在霍延的墓旁邊。當日恰是小年。關中到河西一帶，小年要做三件事，掃舍、謝灶、祭亡靈。快過年了，將屋裡屋外打掃乾淨，接福接財；然後給灶王爺敬上一碗臊子麵，感謝他老人家一年來所賜之溫飽；接下來是接逝去的親人回家過年。這幾年，班超每年都安排祭參負責奠亡友，今天正好有霍續在，就把其父的功德詳細說給他，讓年輕人為有這樣的父輩而驕傲。離開這塊墓地後，他又帶上霍續、韓發，來到大麻扎。

韓發在李兗出事後，接任其職務，已經上任好幾天了。他牽著馬，緊緊跟在班超身後。月光下的雪地很耀眼，墳堆卻隱隱約約，不好識辨，幸那有那株寒風中瑟瑟的老榆樹，倒也很快找到了。班超要給米夏的父母上一炷香，不管生前是罪惡還是善良，他們總是自己曾經的親人，而且岳母實際上是個殉葬者，死於他那道「務必全殲，一個不留」的命令。戰爭總會傷及無辜，戰爭就是戰爭。守墓老人很感謝長史大人對他的關照，告訴他米夏兄妹領著一大家人剛走。班超「嗯」了一聲，心想：她是她，我是我，亡人不嫌祭祀多。

臨離開時，看墓老人突然攔在面前，問道：「長史大人真打算讓漢軍在西域扎根，不怕匈奴再『拉鋸』，對朝廷也抱有十分的信心？」

班超的心「咯噔」一下，立即停下腳步。上次就覺得這個老頭有故事，聽這問話，根本就不是普通人的口吻。他立即重新審視這位老者，發現他佝僂著腰，蜷縮在厚厚的棉袍裡，皮帽子的兩個耳朵，被風吹著一扇一扇。由於咳嗽得厲害，掛在鬍子上的冰碴子，在月光下透出幾縷晶瑩。一種強烈的好奇心，促使班超想要與老人交談，了解其身世，探索其精神世界。他不由自主地跟著蹣跚的老人，來到距離不遠的一群墳堆前，聽老人一座一座介紹，這是張三，哪裡人，那是李四，老家何處。幾十個漢軍的名字一氣說完，足見其熟悉的程度，不是靠記憶能達到的。

在蝸居的穴口旁，老人指著一座子母墳，說那裡邊躺著他的妻子，還有未出生的孩子。班超轉圈向這些長眠的先輩鞠躬，然後隨老人下到他為自己準備的歸宿裡。進入冬天後老人將床板落下去了，地下三尺是神靈的世界，那裡避風，一個人平躺的位置兩個人對面而坐，有點擠，但不影響促膝長談。韓發看他下到墓穴裡，不由得「呀——」了一聲。

六十年前，匈奴殺來時，莎車建功懷德王康保護了一批漢軍官吏和家屬，準備分批安排，送到陽關。老人就是其中一員，當時只有二十四五歲，在屯田校尉帳下做集曹（統計）。他的妻子是一名疏勒富家女子，懷有六個月身孕，在局勢大亂的時候躲在娘家。眼看要撤了，好多人勸他不要管妻子了，因為自身已經難保。他不做，想著男子漢大丈夫，要有擔當，不能造娃不管娃，甩下臨產的妻子，讓當地人笑話，影響漢軍的形象。可是當他夜行曉宿東躲西藏來到疏勒的時候，妻子已經被匈奴騎兵殺了，同時被殺的還有漢軍未及撤退的幾百名官兵及家屬。

由於匈奴軍隊的封鎖，回莎車的路斷了，東歸陽關更無可能，他成了留在西域的「最後一名漢軍」。岳父家的人把他打扮成當地人，讓他裝啞巴，以避殺身之禍。他安葬了妻子，並在墓旁單獨堆了一個小墳，以寄託對孩子的思念。他與當地人一起埋葬了遇難的屯兵，揀認識的葬在一起，從此做了一名「啞巴」看墓人，與死去的戰友守在一起，靠大舅哥的暗中接濟和喪屬的施捨維繫生命。他開始住在路邊一間低矮的房子，後來有流浪漢經常光顧，他就把那處遮風擋寒的處所，讓給那些可憐的乞丐，在妻子的墳墓旁，給自己修建了最後的歸宿。

「最後一名漢軍」的疏勒話，幾乎就是晚上跟乞丐祕密學的，有時候也一個人對白，所以聽起來有些夜的沉重，不像官話那麼輕鬆。在班超光復疏勒那年，他終於敢開口說了，卻被當作怪異古靈之事，引起了紛紛的議論。知道他底細的人都死了，活著的人也不想知道他是誰。在這個世界上，你所熟悉的人不在了，你的存在就是多餘。無關的人忙於自己的生計，沒有閒心思索你肚子裡是稻糠麥皮，還是精玉膏腴。

然而，在隱居的幾十年裡，老人並沒有閉上思考的眼睛。他對秦漢以來關內與西域的關係，做了深刻的思考，寫在一百多個大小不一的木片上，本來想在春暖花開之後，專門送到長史府。剛好班超來了，他就從床板底下翻出來，請求班超帶走，也算了了自己的一大心願。要是有隻言片語為朝廷所採用，他就可以含笑與妻兒團聚了。

老人越是把自己的經歷說得輕描淡寫，似乎毫無感情色彩，班超聽後，心情越發沉重。這位老人與甜水泉的韓老丈，應該屬於同一代屯軍，也遭遇了同樣的不幸，但他不如韓老丈幸運。他對妻子的感情，是終身的陪伴，那個一土之隔的女人應該是幸福的。他雖然蜷縮在荒僻的墓地，卻時刻關注著外面的世界，關注著班超來到疏勒的一舉一動，從放兜題，殺榆勒，到出兵姑墨，轉戰莎車，擊敗大月氏大軍，再到給老兵配婦。他一直在尋思，班超要將西域帶到何處去。他的悽慘經歷，濃縮了一個國家的興衰發展，詮釋了國策的得當與否，值得人深思的東西太多。

墓穴裡雖然避風，沒有外面那麼寒冷，但硬似鐵一般的布衾，沒有一點彈性，根本提供不了多少溫暖。韓發和霍續在外頭煮茶，已經遞進來好幾碗，老人不停地喝，身子還在微微顫抖，顯然沒有幾年前的硬朗了。問他尊姓大名，何方人氏。老者哈哈笑了，說道：「我一個將死之人，是誰還重要嗎？」

班超突然起身，產生了要把老人帶回長史府，讓他過上一段舒服日子的衝動。不管老人多麼執拗，多麼留戀他的「老屋」，還是在霍續與韓發的「強制」之下，極不情願地坐到了馬背上。

一進盤橐城，班超就把老人交給祭參，讓他安排一處暖和的房子，燒些熱水，請老人痛痛快快洗個澡，安安穩穩睡一夜。而他自己，卻在油燈下，認真研讀老人家那一百多個木片。讀著讀著，他的眼睛溼潤了，為了被前政府拋棄的老兵，一粒沙子一樣的命運，一顆憂國憂民的心。翌日，他讓醫官為老人檢查身體，聽說老人來日無多，就安排祭參陪著往各處軍營參觀，還去蘆草湖看屯軍割葦繕房。老人記得那裡正是他們六十多年前屯田的基地，如今大變樣兒了。

除夕之夜，吃過餃子，班超專門請老人到家裡喝茶。他反覆閱讀了老人的札記，頗有心得，那些寫在大小不一的木片上的觀點，都是真知灼見。他想等西域全部光復了，再結合自己的研究，向皇帝呈文。老人的觀點總結起來，就是三點。其一，西域是中國的西域，朝廷對西域的經營方略要保持穩定，不能忽冷忽熱；其二，地廣人稀，經濟發展受制於人，需要大量移民；其三，各個族群相處的原則是融合，長期的生分必然導致族群矛盾。

呷了一口熱茶，老人的眼睛笑成了一條縫兒。爐火映照的臉龐，皺得像風後的沙丘，橫向排列，一綹一綹。老人的一隻手反覆地捋著鬍鬚，彷彿一切的智慧，都藏在那些白色的軟毛裡。因為吃了幾天草藥，他的咳嗽也沒那麼厲害了，嚥下那口茶，然後低沉而又一板一眼地說：只要朝廷穩定，沒有奸臣使壞，屯軍的根能紮下去，不再遭遇他所遇到的危險，他這一生的悲慘，就不遺憾了。

班超理解地點點頭，與老人家茶話到深夜。送走老人，他只睡了不大一會兒，好像剛進入夢鄉，就被韓發叫醒，說徐幹、白狐和祭參來給他拜年。他趕緊洗一把臉，出來答禮，說道：「這規程咱也改一改，成天價在一起，還拜啥年！」

「尊長愛幼這是老規矩，還往哪兒改？」徐幹說正說著，祭參領著不住長史府的和恭、田慮、董健、甘英、劉慳幾個也來了，行了禮就要「壓歲錢」。

「去去去！」班超笑笑呵呵。「祭參要壓歲錢也就罷了，你們一個個跟我稱兄道弟的，一個輩分，難道想訛本長史不成！」

早有老媽子下好了細長細長的拉條子，按班超的口味加上湯汁澆頭，也叫臊子麵，招呼大家去吃。一人一碗下肚，班超叫大家留著肚子，到王府蹭飯去。年年都是成大先來拜年，初五長史府回拜，今年他想先給人家疏勒王拜年去！

成大原準備吃罷朝食上長史府，沒想到班超先來了。客氣地說：「長史大人長我十多歲，哪能勞駕您先拜呢！」

「嗐！你是王，我是將，理應我拜你！」班超笑說。「你要不好意思，趕緊拿好吃的，這一幫餓鬼，都是衝你家有好吃的來的！」

賓主盡歡，說了一陣笑話。厄普圖領著一群官員來了，坎墾也在列，就在王府擺起家宴，軍政大員濟濟一堂，一直熱鬧到傍晚。

席間除了說笑，其實也溝通許多工作問題，比如漢軍與王府的物資往來，能不能改用記帳方式，每半年結算一次，不用每次都帶很多現錢，等等。回到盤槖城，得知「最後一個漢軍」回去了，留下一句話：「人生最後這些日子很精彩，但不能死在長史府。」班超搖頭感嘆，不知老人家的壽數還有幾天，卻發現新婚即守寡的女戲子，已經跪在家門口，也不知多長時間了。

「這是做什麼嘛，地上又冰又涼的！」班超有些憐憫。這個苦命的女孩子，手臉都凍得通紅，大過年的找他，肯定是有事情。他讓傭人扶起來，領進房子，沖了一杯奶茶，給她暖手。那女子稍微安靜，「噗通」一聲又跪下了，央求長史大人做主，給她一段清淨。問了才知，是安葬了李兗之後，成天都有人來找她，開始是找掌萊搭橋說話，後來乾脆自己敲門，大過年的竟然有兩個老兵為爭她大打出手，刀劍都使上了。

女子不堪其擾，說了自己是命帶掃帚，誰娶妨誰。那些人不管這些，竟願意做李兗第二，她卻再也遭不起這樣的禍殃了。她知道自己是來給漢軍做女人來的，此生逃不了這樣的命。但她已經有過一個丈夫，這個丈夫屍骨未寒，戲文講一日夫妻百日恩，她最少應該守身百天，不想這麼快再嫁。

作為「配婦固邊」的始作俑者，班超覺得這女子與那些風塵女子迥然不同，是個有情有義的，說話也通情達理，其要求沒有過分之處，就痛快地答應她的請求，含韓發立即傳令：禁止任何人騷擾她。

女子雖喜而不溢於表，兩隻大眼裡閃著淚光，煞白的臉上飛過一絲紅暈，謝道：「奴自幼離家，不記得父親什麼模樣。長史大人如此體恤，恩德堪比爹爹，只是奴身分卑微，不敢高攀。」說著，雙手伏地，誠心地叩頭致謝，一舉一動別有韻律，多少還有幾分舞臺的範兒，讓人更加感嘆世事無常，老天不公，這樣似花如玉一個女孩子，怎麼就遇上那樣的不幸！

人老了通常會變得理智、冷靜，有時候卻也容易動情。班超聽著她叫他爹爹，憐憫之情更甚，心想老了老了，憑空掉下個大女兒，比班韶還大兩歲呢，也不失為一件好事。但畢竟身分懸殊，底細不明，事情複雜，又不能貿然允諾，也是憾事。他讓女子落座，喝茶，從交談中得知她乃冀州人氏，名叫月兒。忽然想起當地有一首民歌《西域的月兒》，囑她沒事的時候學學，挺好聽的。

轉眼到了初五，疏勒王成大帶人來回拜。招待宴會上，成大的眼神突然落到臨時幫忙的月兒身上，人家移動到哪裡，他的眼光就跟到哪裡，被白狐發現了，悄悄告訴班超。班超留心觀察，頗感詫異。不等宴會結束，成大就把他拉到外面，打聽月兒的情況，要求送給他為妃，順便教授他那一班女眷漢語。由於事發突然，班超未及仔細考慮，只拿該女子要求守節百日來應付，後來與徐幹等人商議，覺得嫁女事小，配國王事大，何況女子是定向徵發的配婦，帶著朝廷供養指標，嫁了外人會引起爭求該女的漢軍不滿。本來一件極小的事情，突然間複雜化了。祭參建議上報朝廷，以塞人之口，不要說長史假公濟私。

祭參帶著專奏經過涼州時，按照班超的囑咐去竇憲大營拜會。是時朝廷出兵匈奴經年，竇憲已經取得了驅逐匈奴戰役的決定性勝利，只剩下部分殘敵需要肅清。班超一是祝賀竇大將軍戰果輝煌，二是感謝人家在朝堂為自己說話，再是向成了竇憲幕僚的兄長班固致以問候。

竇憲聽聞祭參的使命，笑話班超在這個問題上也太過小心，與他一貫處事果敢的作風大相逕庭。將軍在外，君命尚且有所不受，何況一個小女子！要想好看，給個義女身分，一個配婦的缺口，我這裡以一補十。朝廷那邊，不用去了，本大將軍代奏。權傾一時的竇大將軍說一不二，讓人直接在涼州找了十個女子。這些女子一到，加上白狐和吉迪在當地找的塞族女人，湊在一起，迅速分配下去，老兵的飢渴問題就基本解決了。

月兒這邊，自從長史下了禁令，沒人敢來騷擾，又被成大看上，心下甚是歡喜。她想自己，戲班散夥後無依無靠，糊里糊塗當了配婦，否極泰來，又跌入深谷，去了一個軍侯，又來了一個國王，後半生也許就是富貴的命，只等著疏勒王成大來迎娶了。

想入非非的月兒，覺得疏勒王雖為異族，也已經有三個妃子，但人家一心向漢，與長史關係密切，又說得一口流利漢語，年齡也與李兗差不多，關鍵是喜歡她這種味兒的漢家女，要不是來西域，哪裡找這麼個男人去！她這心情一天好似一天，看見為爭她打得頭破血流的男人，現在牽手別的女人，心下也感寬慰，沒事就往班超家跑，幫老媽子洗菜做飯，掃地洗衣，就連徐幹和白狐的衣服，也一起拿來洗滌。

班超也很高興：年近花甲，收個義女，那疏勒王成大就成了女婿，也是好事一雙，就與徐幹商議，擇春分之日舉行了收養儀式，聽月兒嗲嗲地叫他爹爹，向他行三叩九拜之禮，心裡好一份受用，送了兩件首飾給她。徐幹也贈了一些錢，讓她自己買布做新衣。月兒自然是受寵若驚。班超喜歡的那支民歌，她已經學會了，現當場就唱給長史爹爹和徐司馬叔叔聽。

月兒不愧為唱戲的出身，嗓子好，對曲調的處理得當，一首好聽的民歌經她一唱，那韻味又不一樣了，就像是林籟泉韻，餘音裊裊，聽得人都快醉了。一曲終了，還想再聽。月兒也唱得高興，從頭再來。誰知這次唱到一半，突然噁心想嘔，臉兒憋得通紅。班超以為她連日勞作累了，催她趕緊回去休息。誰知到了晚上，老媽子悄悄告訴他：月兒姑娘怕是懷娃娃了！

這種事情，開不得玩笑。班超次日一早就叫讓韓發喊來醫官，囑他不動聲色去診斷。醫官回報十有八九是又喜了，驚得他坐在椅子上，半天不知所措。想起米夏懷班勇時，吃光了半樹的青杏，眼下院子裡的杏樹也含苞待放了。她不知該為李兗留下後代賀喜，還是該為月兒姑娘懷上孽胎叫苦，或是為成大國王感到難堪。他甚至連徐幹都沒告訴，親自找到白狐商議對策。

白狐眼珠子轉來轉去，最後轉出一個辦法：讓米夏找成大去說！身分、人緣都合適。成大要是圖秀色美味，就趕緊娶過去，蒙混過關，大人孩子都保住了；他要是顧忌血統，這事就趕緊打住，看月兒姑娘想不想將孩子生下來。眼下還得保密，防著月兒姑娘萬一想不開，鬧出什麼亂子來。

班超別無良策，就讓白狐盡快去辦。白狐自打給米夏借了錢，出於對其生意的關心，沒事的時候總愛找她，或者店裡，或者家裡，看有什麼忙能幫上。一來二去，互相心裡有了，只是面子上不說。終於有一天男歡女愛，突破了所有的防線，一個如飢似渴，一個頗識風情，便一發不可收拾，做起了無名有實的夫妻。一日被米夏的三哥點破，倒不好意思了，好多日不去相見。今次找去，米夏已經頗多怨言，讓他傍晚來家聽信兒。

米夏家裡僱有一個四十多歲的女傭人，看見白狐過來，不聲不響就燒上熱水，等米夏回來，倆人盥洗乾淨，在炕上做成一團。好事畢了，才說成大真心看上了月兒，想嘗嘗漢家姑娘的滋味，不與幾個妃子說破，事不宜遲，三天後迎娶。

既是事有機密，只好班超親自與月兒來談。那女子尚不知自己肚子裡有了孩子，乍聽一下傻了眼，痴呆呆地盯著義父，等她徹底明白過來，已是淚流滿面，不由得啜啜泣泣。班超讓她有淚往肚子裡咽，一定不要往臉上掛。到了王府，恪守婦道，與成大那幾個妃子搞好關係，好好教他們漢語，也是傳播漢文化。一旦分娩，疏勒王說王子就是王子，這麼說就是給了疏勒王面子，也是保全了你自己。

顛沛流離十幾年的散班戲子，這才真正理解了父親的含義，親親地叫一聲「爹爹」，一番長跪，頭已磕到地上，熱淚流了一地。班超起身相扶，在這可憐的女孩子肩上輕輕地拍了兩下，什麼也沒再說，就讓老媽子送她回去了。

三天很快就到了。盤橐城掛紅結綵，裝扮得十分喜慶。太陽剛過頭頂，披紅戴花的成大就騎著大馬，帶著長長的迎親隊伍來迎娶新娘。吉迪幾乎把全城的樂手都找來捧場，長史府裡裡外外，就像歡樂的海洋。人們聽說國王娶妻，娶的又是西域長史的義女，一時間人山人海，爭相觀看，歡聲笑語，響成一片。

穿上紅色婚裝的月兒，打扮得美豔襲人，她在成大的挽扶下，來向班超行大禮。班超坐在高高的椅子上，接受了成大和月兒的跪拜，向他們送上衷心的祝福，然後給月兒蓋上紅蓋頭。臨別說道：「說盤槖城就是你的娘家，長史府的人都是你的親人，希望你沒事多回來走動。」

月兒又跪下了，叫了聲「親爹」，叫得班超喉頭一熱，趕緊將她扶起來交給了成大，囑咐成大一定善待她。

成大拱手一拜：「請長史大人放心，一定對月兒姑娘好！」然後親手將新娘扶上馬，戀戀不捨地向大門走去。祭參帶著一隊人馬，馱著王府送來的聘禮和大家精心準備的嫁妝，高高興興跟在後面送親。

就在隊伍快要出門的時候，月兒突然勒馬回頭，拿開蓋頭，大聲喊叫著「爹爹」，和著淚說：「女兒要出嫁了，給您老人家唱一首歌，以為告別。」說完，就唱起那首《西域的月兒》，唱得歌如黃鸝，音調婉轉，聲情並茂，如訴如泣，似乎要把女兒家無法用語言表達的一腔情愫，都透過這歌聲抒發出來。

新娘子唱歌離別，這種形式挺新穎的，不光當地人沒見過，就是從關內來的漢軍官兵也是未曾聽說。頃刻之間，所有的人都靜了下來，抬起頭，豎起耳，聽這美麗的天籟之音。月兒只唱了一句，樂手們竟接著做起伴奏，大家也都跟著節拍吟唱起來。男女聲的混合，把個告別場面，渲染得有幾分熱烈，幾分震撼，又有幾分傷感。

此刻，只有班超這樣了解月兒的老人，才能理解一個沒有娘的女孩，在人生的大起大落時刻，心裡縱有千言萬語，高興的，痛苦的，感恩的，戀念的，都沒法向人傾訴，欲將心事付瑤箏，知音少，絃斷有誰聽！作為義父，他覺得難為這個孩子了，站起來，揮著手告別，眼前已然有些微模糊，也不知自己的親生女兒，在出嫁的時候，是一個什麼境況。

忙罷月兒這檔麻煩事，班超身心俱疲，休息了幾天，就往于闐去了。匈奴完蛋後，班超覺得可以盡起西域各國雄兵，發動秋冬攻勢，一舉蕩平龜茲，也給當年都護府的死難烈士報仇了。為了節省行軍成本，他打算讓徐幹帶領于闐、拘彌及周邊國家軍隊，從東線經鄯善往龜茲運動，兩面包抄。為此需要帶著徐幹走一遭，讓他到各國熟悉熟悉。

事情倒很順利，廣德滿口應承，並約班超、徐幹和高子陵登蔥嶺。高子陵說：「傳說女仙之宗，居蔥嶺之間，有城千里，玉樓十二，瓊華之闕，光碧之堂，九層元室，紫翠丹房，左帶瑤池，右環翠山，瑤池有蟠桃樹，三千年才結一回。我們都是花甲上下的人了，來回在山下晃盪多次，趁還能爬得動，上山去看看，驗證一下古老傳說到底靠不可靠。」

廣德其實也沒上過蔥嶺，興致也來了，就讓人找了一幫子毛驢、矮馬和馱夫，背著帳篷、炊具和食品，一行人浩浩蕩蕩，去找瓊樓玉宇。第一天騎馬，第二天步行，到了第三天，進了崇山峻嶺，許多地方都要拽著毛驢尾巴攀爬。一不小心，毛驢失蹄，連累班超滾下山坡，王母娘娘沒見到，腰卻給摔壞了。掃興下山，一躺好幾個月，幸有廣德安排人精心照應，總算恢復。回到疏勒，已經到了九月，距離發兵的日子不多了。喜聞月兒誕下一個女孩，王宮上下都很高興。

一不小心當了外公，讓緊張備戰的班超心情放鬆很多。也不知怎麼回事，他滿腦子都是那個孩子，很想知道她長什麼樣兒，是像母親還是像父親。人就是這麼怪，隔代的感情往往超過第二代，與自己有無血緣關係，已經不重要了。他讓傭人買了一隻羊，兩隻雞，一大筐水果，輕車簡從，只帶幾個衛士，坐著祭參為他專門打造的「長史車」，來到王府。他看見成大來接他，滿臉堆著笑，第一句話就問：「外孫女在哪裡？讓我看看！」

產房裡通風很好，採光也不錯，月兒正盤腿坐在炕上，抱著孩子低頭餵奶。透過窗戶射進來的陽光，正好包裹著這對母女，紅彤彤一團，像給她們洗日光浴似的。成大進門就說：「長史大人又送羊又送雞，還有一大筐水果，你們娘兒倆的福氣可真是大。」

月兒的臉似乎豐潤了一些，看見班超，先是一驚，旋兒滿面欣喜，趕緊放下孩子，扯一扯衣襟，捋了捋頭髮，叫了聲爹爹，就要下炕行禮。

班超連忙上前勸住，讓她月子裡不必勞動身子。看那十七八天的嬰兒，粉嘟嘟，肉呼呼，眉眼頗像月兒，小手臂小腿在襁褓裡亂晃亂動，似乎想出來和大人玩耍，逗得他這「外公」直想笑。成大請他給孩子起名，他想起了一個字：安。寓意安定，安然，安居，安邦，希望這孩子在一個安寧的環境健康成長。兩口都說這個名字好，就叫安兒了。月兒更是「安兒」「安兒」喚個不停。偏偏這時，成大的大王妃進來，與班超見過禮，說門外有人找長史大人。

班超出門一看，是祭參，滿臉喜悅，還以為他撿了金元寶。誰知他帶來的消息，比撿金元寶還讓人興奮：尤利多派兜題送降書來了！

借威

龜茲自願歸降漢朝，這無異於春天驚雷！班超幾乎不敢相信自己的耳朵，下意識揉了揉，聽祭參又說了一遍，立即告訴成大。成大也是喜出望外，眉開眼笑。兩人不禁拍手相慶，都說是新出生的小公主安兒帶來的好運。班超返身給月兒打了個招呼，就告別成大，回到長史府，卻發現左袖空蕩蕩的董健與兜題在一起。

董健看見班超不解的眼神，憨憨地笑笑說：「兜題感激我烏即城不殺之恩，又聽說我在莎車戰役中殺番辰，丟了一隻手臂，這次出使，特地先往他營中探視。有理不打上門客不是。」

班超點點頭，笑道：「升達老弟比長史面子大，我放了他幾回，也沒看過我一次，你才放了一回，就種福得報了。原來我所做的，都是給你鋪床疊被子的事！」

董健知道班超是表揚他，只是不直說，就閃過一邊，讓兜題與長官相見。兜題行了跪拜之禮，感謝漢軍多次不殺之恩，然後起身呈上降書。兜題也已過了五十，頭髮開始花白，還是那麼胖，但行禮說話之時，臉上表情平靜虔誠，沒有恐慌了，眼珠子也不滴溜溜亂轉，與前幾次跪地求饒時判若兩人。

班超突然有一些莫名的失落，似乎還不能適應，一邊看降書，一邊不緊不慢地說：「龜茲王這一向可好？聽說他在去年還放言，說我攻不破他的城堡，我這裡正厲兵秣馬，準備發動秋冬攻勢呢，他怎麼還沒開戰就慫了？」

兜題聽出班超在說笑話，坦言龜茲所依賴的是匈奴，現在竇憲大將軍把匈奴滅了，尤利多哪裡還能與漢軍抗衡！

兜題的話，算是說到了點子上。班超心下欣欣，便招呼他坐下，表示願意接受尤利多投降，不日即啟程前往龜茲。他讓韓發去安排宴會，這次要款待兜題，感謝他送來的好消息。同時讓祭參趕快派人去于闐接徐幹，順便通知各國，籌劃一年多的龜茲大戰，不用勞師動眾了。這樣安排布置，他心中似乎有些不甘，卻又覺得不戰而勝是最好的結果，畢竟戰爭只是爭雄的最後手段。他從心底感謝竇憲大將軍，感謝他所率雄師對匈戰爭取得的輝煌戰果，讓西域長史府，直接享受到消滅匈奴的紅利。

說起來竇憲，班超覺得這個人很複雜。他在章帝時代就橫行霸道，順我者昌，逆我者亡，把持了大部分朝政。章帝有個同父異母的姐姐名劉致，封沁水公主，婚配東漢開國元勛高密侯鄧禹的孫子鄧乾，封地就在沁水城。沁水公主是個有名的冷美人，性格雅靜，不喜熱鬧，就喜歡讀書作文，賞花觀水。婆家為討公主歡心，就在雲臺山下、沁水之濱，買了一片竹林，加蓋亭臺樓閣，鋪上青磚幽道，起名「沁園」，給公主消遣解悶。有一次竇憲路過此地，發現了這塊曲徑通幽的好地方，就要強買。公主迫於竇憲威勢，又怕引起宮鬥，就默默地吞下了苦果。

這件臭事被章帝察知，一日藉故視察，帶著竇憲來到沁園，張羅著要見姐姐，底下人皆投鼠忌器，不敢多言。竇憲見紙裡包不住火，只好硬著頭皮承認，園林已經由他買得。章帝問他用了多少錢，他吞吞吐吐，不敢實說，只象徵性給了一點錢。章帝大怒道：「朕對竇家兄弟已經恩寵有加，都放在樞密之位，做外戚的平時霸道一點也就罷了，現在連公主的莊園都敢搶，天下還有什麼不敢做！你要知道，朕能用你，也能滅你，拋棄你竇憲，就像丟掉一隻小鳥和腐臭的死鼠一樣！」當時就下令將竇憲囚禁車中，準備下獄。誰知回到宮中，章帝被竇皇后竇美人兩雙淚眼一泡，一對舌頭一舔，心就軟去大半。等到竇家歸還莊園，也沒治罪，只把竇憲的侍中職務，從此變成了擺設，讓他坐在冷板凳上，非召不得入宮。

但是竇憲運氣好，過了一年多，章帝就晏駕了。奇怪的是章帝嚥氣之前，突然將竇憲叫到床前，託孤他輔弼幼帝劉肇，這也是一個千古之謎。新登基的黃口和帝只是一個傀儡，妹妹竇蕊以太后身分臨朝稱制，成了顧命大臣的竇憲風光再現，比之以前更是如日中天。朝中王公以下，誰要礙著他的眼，這個人的好日子就到頭了。這其實也是中國官場一以貫之的傳承，哪朝哪代、哪個管理層級不是因當權者的好惡用人呢？

竇蕊新寡，都鄉侯劉暢來為親叔叔章帝弔喪。劉暢是那種特別招女人喜歡的長相，舉止又有王侯之氣，被孀娘竇蕊一眼就給看上了。一則眉來，二則眼去，三則拉手，四則摸背，幾個回合就睡到一起。太后梅開二度，侯爺樂此不疲，倆人如膠似漆，倒把那個躺在敬陵深處的章帝忘得一乾二淨。

太后亂倫的事情，後宮之人看在眼裡，爛在心裡。蔡倫威脅誰要敢露半點風聲，立即就拉出去杖死。可巧事有不密，大白天被竇憲撞見。竇憲自章帝死後沒有了顧慮，又有侍中的職務，南宮北宮沒有他不能去的地方，見了這個場面，有點吃驚，卻說了句「你們繼續，我啥也沒看見」，就走了。但他是個睚眥必報的人，特別擔心妹妹色迷心竅，把屬於皇族的劉暢留在宮中任職，分了他的權力。於是暗中派遣刺客，突破嚴密的護衛措施，把快活了幾天的劉暢給殺了，還嫁禍劉暢的弟弟。後來真相破露，太后大怒，下令把竇憲禁閉在北宮之中。

人家剛與劉暢玩出點的趣味，正是難捨難分，你個不長眼的，搗的什麼亂！

竇憲被囚禁之後，弟弟竇篤頗識風情，馬上找來一班風流後生，悄悄送到後宮，讓竇蕊挑選。年輕的太后見這些面首又帥氣、又會奉承她，喜笑顏開，竟然全部留下。幾天的聲色犬馬，馬上就消了悶氣，讓人趕快放了竇憲。她還指著竇憲兄弟幫她坐江山呢，哪裡捨得真罰！竇憲經此一事，覺得在妹妹面前不好意思，就想把朝政大事委託給弟弟竇篤、竇景、竇環，自己帶兵去打匈奴。

時值北匈奴的優留單于被鮮卑人扒了皮，漠北大亂，鋪天蓋地的蝗蟲又飛去湊熱鬧，把草原啃得一乾二淨，正是饑荒籠罩的時期。漢朝每年花一億七八千萬供養的南匈奴，在休蘭屍逐侯鞮單于的任上，已經從四、五萬人發展到近二十四萬人，請求漢朝在此千載難逢的機會出兵，打垮匈奴，由他來統領草原。竇憲也認為機不可失，力主出兵。

顧命大臣竇憲的請求，遲遲得不到竇太后的批准。竇蕊不是不想打匈奴，她是捨不得阿兄。竇憲是竇家的領頭之羊，萬一有個三長兩短，就是打敗了匈奴，誰為她撐朝廷這個攤子呢！可是竇憲王八吃秤砣——鐵了心，一心想借千載難逢的機會建立軍功，鞏固竇家在朝中的絕對主導地位，省得別人老說他們兄弟，是扯著妹妹的裙子上去的。他天天找妹妹說道，終於在米夏被召見那天說動太后，得任車騎將軍，佩金印紫綬，讓他比照司空府的規格，在朝廷點兵點將，配備屬員。

如願以償的竇憲拿著尚方寶劍，盡攬能人大才，當朝兩個最負盛名的文學家傅毅和班固，都到了他帳下擔任朱雀和玄武司馬，更以老將執金吾耿秉為副帥，調耿夔、鄧鴻、吳汜、梁諷等將帥出征，很快發北軍五校、黎陽、雍營、緣邊十二郡騎士，及羌胡兵共三萬多兵馬出塞，後與南匈奴及度遼將軍兩路大軍在涿邪山會師，擺出一副不勝不歸的架勢。

首次指揮作戰的竇憲，沒有任何經驗，會師後就把一幫能征善戰的將軍，和南匈奴單于及左賢王召集起來，先敬了三觚酒，然後說：「我雖為統帥，實則外行。仗怎麼打，還得各位老將出主意想辦法，全力幫襯，打了勝仗，功勞是大家的，我一定奏明聖上，給大家加官進爵。」

這些人一看大權在握的竇憲挺尊重他們，不恥下問，不像在京時那般霸道，就給他分析，漢軍的優勢是準備充分，裝備精良，兵力集中，劣勢是深入大漠，遠離後方，不宜久戰。而北匈奴的優勢是熟悉地形，行動飄忽，反應快速，劣勢是力量薄弱，懼怕決戰，且有大量老少部民拖累。建議他揚長避短，採用長距離奔襲、迂迴包抄等戰術，輕裝疾進，速戰速決，一旦逮住戰機，絕不輕易放棄，每次擊潰敵軍後，都窮追猛打，不讓敵人有喘息機會，盡量在追擊中殲滅敵人。

不管以前在朝中行事如何，竇憲在打仗時，絕不任性，而且很注意採納群議，每次決斷前，又特意徵求一下副帥耿秉的意見，所以指揮起來，也是一板一眼，毫不含糊。他先在河雲北夜襲敵營，小試鋒芒；接下來派一路大軍為先鋒，在稽落山咬住北單于，待其漸漸招抵不上，紛紛潰散之時，便指揮全軍拚命追殺，直追到私渠比鞮海，共斬殺匈奴名王以下將士一萬三千多人，俘獲馬、牛、羊、駝百餘萬頭，招降八十一部，前後二十多萬人，取得了決定性的勝利，連北單于本人也逃得不知去向。

大捷之後的總指揮掩飾不住內心的喜悅，與老將軍耿秉商量說：「我們這一次打敗匈奴，得留點紀念，以宣示大漢之國威，告慰先烈，警示後人。」南匈奴單于休蘭屍逐侯鞮，便領他們登上旁邊的燕然山頂，這裡一覽眾山皆小，離他們出塞的雞鹿塞，已經有三千多里了。玄武司馬班固才思敏捷，很快擬就一篇《封燕然山銘》，找石匠刻在山頂的一塊大石頭上。竇憲領著大夥兒，圍著大石頭欣賞了一會兒，雖然意猶未盡，還是下令大隊班師退駐五原，只派吳汜、梁諷帶一萬多人馬繼續追尋北匈奴單于，試圖招降。

班固這篇銘文，曾抄了一份輾轉寄送給班超，字裡行間雖然不少阿諛奉承之詞，卻也真實地記錄了此役的戰績與意義，「陵高闕，下雞鹿，經磧鹵，絕大漠，斬溫禺以釁鼓，血屍逐以染鍔。然後四校橫徂，星流彗掃，蕭條萬里，野無遺寇。於是域滅區殫，反旆而旋，考傳驗圖，窮覽其山川。遂逾涿邪，跨安侯，乘燕然，躡冒頓之區落，焚老上之龍庭。上以攄高、文之宿憤，光祖宗之玄靈；下以安固後嗣，恢拓境宇，振大漢之天聲。茲所謂一勞而久逸，暫費而永寧者也！」

匈奴兵敗如山倒，樹倒猢猻散。奉命追尋北單于的吳、梁二將，一路收納萬餘降卒，並在北海西北的西海，找到了北單于屯屠何，勸說他仿效當年呼韓邪單于歸漢的先例，以求保國安人。屯屠何別無他法，只好就範，率領他的殘兵與吳、梁一起回到私渠海。但這位並不甘心失敗的草原梟雄，聽說漢王朝大軍已經入塞，又動了心思，以為可以喘一口氣東山再起，只派他的弟弟右溫禺鞮王，隨梁諷到洛陽。

竇憲見北匈奴單于屯屠何沒有親赴洛陽，缺乏起碼的誠意，便奏請朝廷打發了右溫禺鞮王，準備再次出征。朝廷同意竇憲的建議，竇太后於永元元年（89）七月，以和帝的名義下詔，派中郎將持節到五原，任命竇憲為大將軍，並封其為武陽侯，食邑二萬戶。

竇憲經過與耿秉等老將軍的相處，觀念改變很多，他覺得二萬戶的「冠軍侯」封爵，對他沒有多少意義，而籠絡人心才是今後立足的根本，所以堅辭不受爵位，只願意按照太尉的標準設定官屬，這樣就給跟他的人都提升了待遇。結果朝中那些大臣，一個個阿諛逢迎，竟一改大將軍在三公之下的常例，上疏太后將大將軍列在三公之上，令他回到洛陽後，有點不好意思。斟酌再三，他將軍中那些二千石以上長官子弟，都升為太子舍人，令居京師，一下子收買了一片官僚。朝中官吏看到跟隨竇憲升得快，凡有機會的，都想投到竇家門下。一時間前後門都門庭若市，求見者的隊伍排得老長。

竇憲深知樹大招風的道理，也清楚這些人都是投機分子，乾脆避而不見。同時，打了一仗的竇憲對於自己家族的事情，也產生了另外的想法。他見竇篤、竇景、竇環都封了六千戶的侯爵，在京中大興土木，極盡奢華，想起竇家先前由盛而衰的舊事，就與年邁的母親沘陽公主商議，得讓竇家的人收斂一些，免得過滿招損。

誰知泚陽公主早把朝廷的事情看透了，說道：「人生如夢，外戚難久。再盛不過十年，富貴全在皇帝一人，與為人高調低調其實無關，就讓他們折騰去吧！」

竇憲看老母並不想過問弟弟的事，就對竇太后說：「妹妹你也別鬧了，那個二萬戶哥哥不要，幾個弟弟你也要節制點；我不想一手遮天，朝廷的事你多聽聽大臣們的意見。如今漠北還未完全肅清，我還是去收拾匈奴的殘餘吧！」

知過能改，善莫大焉。此時的竇憲，人到中年，已經不像先前那樣猖狂了，他也懶得管朝廷那些破事。永元二年出鎮涼州後，北單于屯屠何因為漢王朝遣還他的弟弟，自覺被人識破了意圖，十分不安，派人來見他，請求向漢稱臣，表示想入京朝見。竇憲向和帝上了奏疏，和帝按照太后的旨意，准大將軍自行裁斷。

當時朝廷的策略思路，是將北匈奴打痛打趴下叫爺就行，不想消滅它，這樣南北匈奴互相牽制，有利於北疆安寧，以免按下葫蘆浮起瓢，南匈奴借勢坐大，那就等於前門驅虎後門進狼，失去了對匈作戰的意義。竇憲便派班固、梁諷前往私渠海迎接北單于屯屠何。誰知南單于一心想乘機消滅北單于，突然下狠手攻擊，北單于措手不及，身受重傷逃走。班固等人走到私渠海得知消息，只好原路返回。

眼見得北單于氣數已盡，扶不起來了，竇憲以變應變，於永元三年（91）初，派左校尉耿夔、司馬任尚等率兵，從居延塞出關，到處探尋屯屠何的下落。走了五千多里，到了漢軍從未到過的金微山，終於發現受傷的屯屠何帶著殘兵在此藏匿，兩人分兵圍剿，眾虜措手不及，到處亂竄。屯屠何剛剛上馬，已被耿夔手下弓弩射中，忍痛在馬上掙扎一陣，仰天長嘆，一失足成千古恨，失去了向漢稱臣的機會。最後帶著遺憾跌落馬下，被漢軍梟了首級，送到洛陽也沒閉上眼睛。他的餘黨五千多人，或者被殺，或者被拘，連他的老娘老閼氏，也做了囚徒。

竇憲滅了北匈奴，龜茲王尤利多就坐不住了。他想這麼多年憑藉匈奴的勢力與漢朝作對，與班超抗衡，以圖雄霸西域，現在匈奴這隻大烏雞死了，他這隻沒出殼的蛋還能經住石頭砸嗎？好漢不吃眼前虧，趕快向漢朝投降是上策。可是他曾鼓動焉耆攻沒西域都護府，嫉惡如仇的班超能原諒他嗎？尤利多考慮多日，還是沒有十足的把握，就派兜題去探虛實，能免罪不死就歸附漢朝，不能得到赦免，就做魚死網破的爭鬥，反正他手裡還有兩萬軍隊，再與焉耆、危須、尉犁等國結成聯盟，還不至於很快走到生命盡頭。他本來想拉焉耆王一併投漢，可焉耆王在那場戰役中殺人太多，擔心不被原諒，想等等再看。

班超當然想到了尤利多的顧慮所在，但他首先考慮的是光復西域的大業，沒有把復仇放在第一位，而且殺一尤利多，不知又要搭上多少將士性命，這個帳要算清。這幾年下來，他麾下的漢軍已經摺去六七百，每死一個人，他都很心疼。因為怕董健找尤利多討還那隻手臂，他特意安排董健在家留守，就與徐幹一起，點起一千騎，迅速趕往龜茲。成大擔心尤利多反叛，對班超不利，想派三千疏勒騎兵隨行，被他婉言謝絕。他說此去龜茲是受降，又不是去打仗！

龜茲是天山以南最大的王國，也是南道北路上的策略重鎮，北靠天山，南鄰大漠，西接姑墨，東鄰焉耆、危須，翻天山可北通烏孫、車師，管轄的範圍，包括當今的庫車、拜城、新和、沙雅、輪臺等縣的全部或大部，當時人口已接近十萬，亦農亦牧，有石涅，亦有銅、鉛的採掘和冶煉。王治延城，是西域最大的長方形城郭，東西長五里，南北寬三里，城牆寬厚高大，共有十個城門。王府在延城中軸線偏東北的地方，大約有四個盤橐城大。由於其重要的策略地位，龜茲一直是匈奴與中原政權爭奪西域的重要較量場，城池幾經易手。在匈奴統治期間，它是西域的政治和軍事中心，匈奴也透過龜茲統治和奴役其他王國，尤利多更是將幫凶的角色演到極致。

尤利多探聽到漢軍的人馬已到延城，打發兜題前去門口迎接，並率全體軍政官吏，在王府大院裡等候。班超讓他的部隊停在府外，然後讓旌旗開道，鼓角吹鳴，青傘撐在車頂，完全按照朝廷的規制，擺出長史的架勢，只帶著徐幹、白狐、祭參和幾十個侍衛入府。尤利多見西域長史旗幡進來，帶頭跪地，捧上原西域都護陳睦代表朝廷所頒印綬，舉過頭頂。他身後是二十幾個屬官，也都舉著原漢朝印綬。

班超命黃越收了龜茲王及所有官屬印綬，卻令祭參將丞相以下官吏印綬重新發給，即令佩戴，意在維持原有官位，穩定官吏隊伍。眾官吏齊聲謝恩，磕頭跪拜。只有尤利多大惑不解，睜大眼睛，怔怔地盯著班超，甚至有幾分怒意。班超並不理會他，請大家起身，宣布從現在起，所有官吏都是漢朝的官員了，請大家跟他宣誓：

「誓死效忠漢皇，永不背叛祖國！」

班超的話是直接用塞語講的，所有的人都聽的真真切切，異口同聲跟著宣誓。班超嫌聲音不夠洪亮，好像沒有吃飽飯的。就令白狐用漢語重新領誓，一遍又一遍，直到聲浪喧天，有點振聾發職，他才感到滿意。這也就是統一一下思想，對官吏進行愛國忠君的入職教育。他從官吏隊伍的左邊走到右邊，又從前面走到後面，把這些官吏一一打量一遍，看見有人擦汗，有人躲閃他的眼神，還有的微微發抖，多少有些害怕，不知尤利多是如何向屬官介紹他的。此刻他也不想多說，就頒布臨時政令，文官由輔國侯牽頭，武官由都尉領銜，各就各位，各司其職，共同迎接新王即位；在新王登位之前，大事暫由他本人定奪。他指定右將軍兜題擔任臨時聯繫官，讓輔國侯和都尉暫留一下，其他人散去！

「怎麼能這樣？怎麼能這樣……」尤利多的腦筋這才轉過急彎，班超壓根兒就沒考慮讓他繼續留任，只把以前的幻想，化為了泡影，不免有些惱羞成怒，「呼——」地一下站起來，質問班超。這位統治龜茲十六年、奴役半數西域王國的前龜茲王，還真是官倒勢不倒，耍得很大，這個時候了還敢較勁。他從兜題的嘴裡聽說長史府歡迎他棄暗投明，重新歸漢，滿心以為自己能繼續坐在王的位置上吆五喝六，期望落空就大為不滿，憤憤不平，甚至後悔主動投降。可是回望身後那些曾經的屬官，已經三三兩兩走動，經過他身邊出門，對於他的存在，似乎視而不見，聞也不聞，有的還加快了步伐。輔國侯、都尉，都到班超跟前聽令，俯首帖耳，唯唯諾諾，他想要拿把班超，已經沒了資本。狠話雖然放出，卻沒了底氣，不禁唉聲嘆氣，把他那高傲的頭顱，自己低下了。

班超向丞相和都尉布置好維持穩定的工作，看著他們離開，這才問尤利多：「你說不這樣，又該怎麼樣？」見尤利多無語回答，就嚴厲地指出：「尤利多聽著，你是罪大惡極，你知道嗎？你認賊作父，帶頭附匈，慫恿周邊地方叛漢，其罪一；鼓動焉耆，攻沒都護，殘殺將士，慘無人道，其罪二；勾結齊黎，離間疏勒，驅趕漢使，極盡其極，其罪三；豢養番辰，入侵烏即，軍援康居，借刀殺人，其罪四；脅迫多國，出兵莎車，以圖滅我，再霸西域，其罪五也！此五宗大罪，每宗都是死罪，以罪量刑，最少都應該殺你五次了！本長史念及軍民無辜，不忍兵戎相見，所以容你投降，免於殺身之禍，已是法外開恩。下面準備你送去洛陽居住，安度餘生，這對你已經是仁至義盡了，你怎麼還存非分之想？」

西域有句諺語：核桃天生是砸著吃的。尤利多就是一顆核桃，被班超這麼一砸，立刻老實多了，乖乖住在漢軍看守的房子裡，等待白霸就任登位。白霸是被匈奴所殺的前龜茲王則羅的兒子，三歲就送往洛陽為侍子，四十多年來，一直和母親住在洛陽。班超從疏勒出發前就上疏朝廷，請派人護送白霸回來。但是四十九歲的白霸，已經在中原娶妻生子，也融入了中原的生活，幾個兒子都不願意回來，走起來也不是十分俐落，加之朝廷對收復龜茲後的西域寄予希望，廷議重建都護府，三磨蹭兩木訥，已經進了冬月。白霸回來當天，班超就安排他登位，總理國事，自此開始白家治理龜茲七百年的歷史；同時讓護送白霸的司馬姚光，將尤利多帶回洛陽。

白霸這個人，雖然還是高鼻梁凹眼窩藍眼珠子，但是洛陽話說得比班超還標準，思維方式和行事做派，都有京都官宦的範兒。他對班超一再推薦他接任龜茲王，很是感激，登位大典後安排宴會，招待護送他的官吏，犒賞漢軍，酒席上與班超交談甚歡，而且宴會結束後，還要與班超同榻而臥。

班超笑言：「長史的鼾聲比雷聲還大，國王就是不怕打雷，也得掂量掂量！」

「權當是在耳邊擊鼓，還能響到天上去不成？」白霸說。兩人遂同榻而臥，談興甚高。白霸越談越覺得班超是西域人，班超越談越覺得白霸是洛陽人，不時哈哈大笑，一直談到太陽昇起。

班超伸伸懶腰，洗把臉，眼圈澀澀的，一起床就感嘆年歲不饒人，再不敢這麼熬夜了。白霸喊老婆泡茶，隔壁響亮的應了一聲：

「來啦！」昨天剛獲得王妃頭銜的女人，迅速搬來一個小巧的茶海和一套褐色的陶瓷茶具，入茶，洗茶，暖杯，泡茶，恭恭敬敬地獻茶，一看就是茶藝老手。班超端起杯子聞了聞，有一股蘭花的馨香，直沁肺腑，感嘆十多年沒嘗到這麼道地的安溪茶了。王妃說：「長史大人果然是懂茶的。這是經過搖青製作的，回來時專門買了一些，走的時候給恁帶上一包，恁看中不中！」

她連「搖青」這麼專業的製茶工藝都知道，不由人不對其刮目相看。這個女人是生在洛陽的波斯人後裔，一口洛陽官話，把你說成「恁」，自稱為「俺」，一頭金髮，很是飄逸，脖子上掛著一串珍珠項鍊，與班超臨走送給水莞兒的項鍊有點像，一下子勾起了班超濃濃的鄉愁，想起九六城那所院子，不知妻子兒女們忙些什麼。

一會兒，廚師端了一盆羊蹄胡辣湯，熱氣騰騰，胡椒香味濃郁，伴有一股豌豆的清香。還有一壺牛奶，一盤熱饢餅，一盤胡蘿蔔涼拌蔥頭，半是漢風半是胡味兒，極對班超的口味兒。他品罷著濃郁的香茶，又吃上久違的胡辣湯，心裡那個美，把一夜的睏倦全都攆到烏虛國去了，不由得羨慕白霸會生活。

然而，他與白霸在治理龜茲的理念上，並不完全一致。龜茲被匈奴人奴役的時間太長了，滿目瘡痍，百廢待興。白霸自小生在洛陽，對漢朝的法律比較熟悉，回來以前也先後拜訪了三公九卿，想在龜茲全盤照搬漢朝的治理手段，迅速實行關內的井田制，賦稅徭役規制，考試制度，一夫一妻制，以及弱化部落實力的鄉紳制度等等，請班超支持他。班超覺得白霸想大刀闊斧改革舊的社會體系，發展經濟，建設一個有生氣的新龜茲，想法是好的，但事情須循序漸進，結合實際，一口吃不成胖子。比如考試選拔官吏，一夫一妻，眼下就很難實行。可是白霸信心滿滿，甚至有點任性。他也不好過於反對，就任他先試一試吧。

朝食還沒結束，韓發帶著祭參過來了，請示他就任西域都護的大典事宜。班超笑說：「都護也罷，長史也罷，管的還是西域的事情，這次就不搞儀式了。等都護府重建完成，我們再大張旗鼓慶賀一下。」

班超的升遷姍姍來遲，他已經沒有新鮮感了。據說在莎車大捷後，朝廷曾想升他，但竇太后在重建西域都護府的問題上，遲遲做不出決斷，所以就一直擱議。這次和平收復龜茲，朝堂終於統一思想，便擢升他為西域都護，徐幹為長史，讓他們師兄弟把西域都護府重新建設起來，隨後條件成熟，再派屯田校尉。

西域都護府始建於神爵二年（60），自第一任都護鄭吉始，到最後一任李崇，西漢帝國先後委任十八位都護。最後一任都護李崇失蹤後，都護府自然撤銷。東漢政府在竇固將軍的倡議下，於永平十七年（74）重設都護府，但只存續一年多，就慘遭毒手。這次復建，已經是第三次了。班超感到責任重大，倒把升官的喜悅，大大淡化了。他雖然還是郡國都尉的級別，但享受郡守的待遇，秩奉中二千石（二千石中最高等級），徐幹比二千石。但徐幹是他都護府的長史，還是他的副職，不同於他之前獨立的西域長史。

按照朝廷授權，大都護班超任命董健、田慮為副校尉行校尉事，祭參為府丞，和恭、甘英為司馬，白狐為譯侯，劉慳為千人，黃越為府丞長史；又任命了宋希、費鳴、盧星以及和恭帶來的上黨人杜平、吳凡為軍侯。白霸犒軍，大饗士卒三天。

原來的都護府在烏壘城，距離尚未歸順漢朝的危須、焉耆較近，處在前線，且已被搗毀，再建難度較大。班超帶甘英、祭參、費鳴等人經過一個多月的勘察，決定把都護府建在它干城。它干城是一座小城，大約有六個盤橐城大，背靠高山，面朝小河，城內有近二百戶人家，一千三百多口，早先曾是一個部落王治，後來落寞了。王府是座城中城，建築損毀不太嚴重。這裡東北距龜茲王治延城一百來里，西有官道直通姑墨，距離不到四百里，處於兩座王城之間。關鍵是這座小城周圍小河小渠交錯，水田遍布，易守難攻，只要對水系略微改造，就可形成三面河水守護、一面高山屏障的防禦格局，具有較高的軍事策略意義。

它干城的居民以農為主，城中也有農田，但主要耕種都在城外。也有一條商街，充當著周邊物資交易中心的角色。原來的部落王府，早被一些居民占用，用來養雞、圈羊，還有一些用於屯兵的房子，也被老百姓住了，現在都要花錢買回來。班超對負責建設的幾個人說：「凡是能花錢解決的事情，就不是難事。與老百姓打交道，讓利為先。」誰知遇上一個「釘子戶」，在軍營裡占了二十多間房子開妓院，給多少錢都不搬。祭參沒辦法，稟報大都護，希望與龜茲王府交涉，協助處理。

班超想都沒想就說：「王府的事情千頭萬緒，非萬不得已，不用麻煩白霸。這事你去找白狐，所有與妓院有關的事情，他肯定有辦法。」

白狐也該奔五十了，可是幹勁不減，與三十七八歲的鴇子眼神一交換，竟然心有靈犀，關門上炕，做成了一團。白狐在被窩裡問鴇子：「你開妓院是為什麼？為錢不是？你在軍營裡，門口有哨兵站著，誰能進來？」

鴇子說：「有這麼多兵就夠了，一個個都餓狼似的，還要外面人做什麼！」

白狐又道：「長官下一道命令，不許上你這裡來玩，違者處罰，你還哪裡來的生意？」

鴇子這下明白了，白狐是來勸她搬家的。白狐已經在城裡背靜之處找了一處房子，讓老鴇趁長官還沒改變主意，拿錢搬走。以後他可以鼓動官兵多光顧。那鴇子看白狐乃頗知風情之人，又是漢軍高官，也就改了主意，只擔心她的補償款還能不能拿到。

「這個，你放心！」白狐說著，就把帶去的錢袋扔給老鴇。老鴇掂了掂重量，也不打開，就樂得眉開眼笑，承諾對白狐給予一直免費的優惠，高高興興安排搬家的事情去了。

實際上白狐對鴇子的承諾已經沒了興趣，他與鴇子抱作一團，也是一時興起，完全是滿足生理需求。他此刻想的，是如何與米夏在一起，過穩定的日子，他不想漂泊了。聽班超的意思想分權給徐幹，讓徐幹回疏勒，繼續住長史府，協調南道地區事務，代管蘆草湖屯田，重大事情才報告他。老都護這麼安排也是事出有因，西域地域遼闊，交通線漫長，于闐一帶的王國到龜茲極不方便，要是緊急軍務，往往會貽誤戰機。藉著這個機會，他已經向班超提出，想回疏勒幫助徐幹，只是還沒得到最後的確認。所以，他協助祭參處理完這個「釘子戶」，就回到延城，前往臨時都護府向班超覆命，再一次詢問他回疏勒的事情。

班超沉默了半天，突然喃喃自語，又像是對白狐說：「當了都護就那麼不待見人，老弟兄沒幾個了，還一個個要離開我？」

白狐不解地問：「還有誰要走？」

「田盧唄！」班超說，「人家田盧老婆孩子在疏勒，你又是為了啥呢？」

白狐聽著，班超是有些傷感，又怕不放他離開，就直說他也是為了女人，回去是為了跟米夏在一起，他們兩人有情有義。

「啥？！」班超怎麼聽，還以為自己耳朵出毛病了，瞪大眼睛，盯著白狐，讓他再說一遍。

白狐知道班超接受不了，就不再吭氣。班超的氣就不打一處來，想著自己的部下，竟然算計起自己的女人，真他媽喪氣！這是啥事情嘛！他被一股無名火衝著腦門，端起尚未喝完的茶杯就摔了過去，茶葉茶水澆了白狐一臉一身，然後狠狠地說：「你敢！」

白狐撥拉一下身上的茶葉，嘟噥了幾句，走了。他需要給班超時間，讓這位老兄冷靜冷靜，正視與米夏早已分道揚鑣的事實，不要還是一套丈夫的思維。米夏現在是自由之身，精力旺盛，人家與誰好，跟誰睡，跟你這個大都護沒有一文錢的關係。倒是他自己，大半生遊走江湖，經歷了不少事，也經手了不少女人，現在黃土齊腰，剩下的日子他想過得安穩些。關鍵的關鍵是他確實喜歡米夏，願意為她做任何事情，哪怕辭了班超這邊的軍職，做回原來的生意人，也無所謂。

班超可不是這麼想。他認為白狐跟他二十年了，出生入死，幫了不少忙，立了好幾次大功，頗得他賞識，也給了他千石的秩奉，應該可以肝膽相照了，怎麼還能謀他的女人呢？這隻老狐狸，大混蛋，不識人敬的東西……他搜腸刮肚，找尋著一切能夠用來咒罵白狐的詞語。徐幹見他悶悶不樂，提議出去走走。他聽說延城北邊不遠處有一個克孜利亞大峽谷，很是壯觀，也很迷人。班超說那就叫上甘英、韓發，去散散心，看看龜茲的風景。

克孜利亞大峽谷，是天山餘脈的一個山溝，長約十里，由一系列紅褐色的巨大山體群組成，歷經億萬年風雨剝蝕，山洪沖刷，鬼斧神工般打造，使得山體波瀾起伏，時而突兀，高聳入雲，時而斷裂，俯身接地，雄偉壯觀，滿山透紅，群峰盡染。由於山大溝深，谷道蜿蜒，寂寥幽靜，極少人跡——普通人家成日忙於生計，恐怕也沒有遊山玩水的念頭。

冬月天寒，峽谷內卻很暖和。但見泉水叮咚，匯流成溪，流出山口進入龜茲河；紅柳叢叢，鳥雀啾啾，說話時回音反覆。谷道左側峭壁上，有一排山洞，住著幾個和尚。有一個光頭老僧，自稱來自天竺國，正用五顏六色的石粉做顏料，往牆壁上畫畫。他繪的是佛經故事，人物都很豐滿，面目慈祥，衣服也很長，就是袖子比較短，與漢人有別。

幾個人同老和尚聊了一會兒，讓韓發上了布施，然後下到溝底，繼續往前，走馬觀景。到了盡頭，突然馬頭一抬，前蹄騰空，嘶鳴起來。韓發眼尖，發現有幾個病人，無助地躺在地上，一個個蓬頭垢面，病得快要死了。旁邊的山洞裡，白骨纍纍，一股惡臭。有兩個還有張嘴氣力的，年紀似乎並不大，問了半天，也吐不出半句囫圇話。嚮導說，當地有幾個部落的人恥於病，得了病要是很快看不好，就不願讓家人看見他們痛苦的樣子，跑到一些人跡罕至的地方，自己死掉解脫。據說這一習俗源於駱駝，那些老駱駝在來日無多的時候，往往會悄悄離開駝群，孤獨地死去。

「這不行啊，咱不能看著活人等死！」班超感到吃驚，看徐幹也是驚得張大了嘴巴。他們給那些將死之人留了一點吃的，回頭找到和尚，請他們設法救治。和尚為難地念了「阿彌陀佛」，說：「世間萬物，皆尊自然，命數天定，就是無量壽佛，怕也迴天無力。況小廟香火，僅夠維持僧人溫飽。」

班超聽了，也不和他們多說，即令韓發先行返回大營，找幾個人帶醫官來，看能救治的，弄回去，總歸人命關天。他思忖這種習俗與其說是源於駱駝，還不如說是受制於落後加愚昧，經濟落後，文化落後，醫藥不發達。匈奴統治龜茲這些年，重取輕養，當地經濟沒有得到多少發展，稅負卻是年年增加，這是根本。

班超突然對徐幹說：「都護府的落成大典不搞了，省下的錢用來給窮人治病。」徐幹贊同治病救人，卻不贊同都護府悄沒聲開張。班超笑說：「我是都護，我都不在乎，你一個長史，還計較個啥！回頭我們派些人分頭找找，看看有多少這樣的等死者，讓我們的醫官給治療，能救一個算一個。這都是積德行善呢，遠比劃什麼故事來得直接。」

他不是作秀，也不是境界有多麼高，就是樸素地認為：人的命最重要，不到萬不得已，不能輕言死去。他還想等搬到它干城，乾脆派幾個醫官下鄉去巡迴醫療，免費給老百姓診病治病，順便讓群眾以後別再幹傻事，那才是功德無量呢！

回去的路上，班超嫌徐幹一直跟在自己後面，說句話還得擰脖子，笑他沒學過與人並馬同行。

徐幹尷尬地笑笑，道是：「上下有別，哪敢與長官並行！」

「克振老弟，你這就有點作了。」班超說，「咱倆師兄弟，又沒有外人，哪裡這麼多窮講究！當年你陪我上洛陽闖明帝的大殿，誰想過有今天的光景！」

徐幹看師兄情緒不錯，就在馬上問下一步的打算。班超讓徐幹過了臘八就回疏勒去，在那邊過春節，節後就著手備戰，讓董健加緊訓練，就是和恭那裡的屯田官兵，也要做好出征準備。同時要及時通知南道各國，他想在下半年拿下焉耆、危須，實現西域的全面光復，也不枉朝廷對他們兄弟的信任。徐幹問還有誰和他一起回去，故意不提白狐的名字，怕刺激師兄。班超半天沒說話，默默地走了好長一段路，長長地吐了一口氣，這才說：「讓白狐和你一起回去吧！為兄也想開了，已經對不起一個了，就不要再對不起第二個。天要下雨鳥要飛，娘要嫁人，米夏還年輕，隨他們去吧！」

這位老兄，想是想開了，但沒完全想明白。漢代是允許女人再嫁的，而且那時的男女關係也比較隨性，沒有後來那麼多人為的藩籬。人家米夏早與他分離了，他還有什麼資格干涉人家的私事呢？

處驚

一場雨淅淅瀝瀝，下了幾乎一天，都護府上下都很興奮。班超到西域二十年，第一次遇上這樣的夏雨，感覺龜茲的氣候，與疏勒多少還是有些不同。次日放晴，朝霞映照著修葺一新的它干城，給城牆塗上一層橙紅，那高高凸起的城樓、箭樓，乍看就像昂首挺立的士兵。樹葉被雨水洗乾淨了，路上的浮土變成泥濘，空氣一下子清新了許多，彷彿人的嗓子也滑潤了，眼睛和鼻腔也沒有那麼乾澀。

班超破天荒沒有在清早打拳，而是帶著祭參、韓發出城往田間地頭閒轉。麥子已經揚過花，田野一片翠綠，只有水流幾乎漫堤的渠溝河叉，與阡陌交織出網狀的渾黃。一隻土蛤蟆從麥田裡爬出來，龜縮在路邊晒太陽，一點也不在乎眼前的將軍。韓發嫌它醜陋，喪眼，準備用腳去踢，被班超攔住了。「世上的物種，千姿百態，不能因為看著不順眼就欺負它，人家又沒惹咱！」

祭參說：「沒惹人而被欺負的事多了去了，又何止一個癩蛤蟆！就說匈奴人吧，你不在草原放你的馬，好好的，老想往中原搶掠，欺負漢人。現在好了，北匈奴滅了，南匈奴想借勢坐大，竇憲將軍又立了一個右谷蠡王於除鞬為單于，住在我們曾經住過的蒲類海牽制他，來自北庭的欺負應該是結束了。」

「你小子，那是借題發揮。」班超點點頭，幾個人議論一陣竇憲大軍的功績及影響，就準備回城朝食。還沒進門，看見兜題慌慌張張下馬，一頭的大汗，報說西北部的兩個部落聯合造反，龜茲王親率三千大軍去鎮壓，這會兒該出發了。

事情突發，實出意外，但班超很鎮靜，留兜題一起吃飯，繼續詢問詳情。兜題還沒走，俱毗羅部落王的兒子又來了，說他們受不了白霸的新政，要獨立，請求都護府支持。班超聽了兩個人的詳述，看了下地圖，不緊不慢地喝完杯子中的茶水，讓兩人一起跟他走。韓陽問要不要帶兵，他搖搖頭，叫他只把祭參和田慮叫上，帶幾個衛士就行。

俱毗羅城在它干城的北部，兩城中間橫亙著一座天山支脈——卻勒塔格山。那裡是一個盆狀的山谷，北、西、南三面環山，只有東邊一個出口通向山外，盆地內雨水比較豐沛，與龜茲不屬於同一種氣候。在它的西邊，是另一個部落阿悉言城。兩個部落加起來就四千多人，居民少部分在平原放牧，大部分在山裡從事礦產業。山上有好幾個涅石礦，還有霞石（燒製陶器的原料）和寶石（鹽巖）。

班超不久前視察過那裡，對那一帶印象很深。他當時是帶著幾名醫官去的，目的在於宣傳科學觀念，增強人們與疾病抗爭的意識。都護府在年前曾派出好幾支小分隊，往各處犄角旮旯搜尋奄奄一息的病人，共救活了一百多人。那些獲得第二次生命的人，特別感激，把醫官視為神醫，更把新來的都護當成天神的使者，有的抱來公雞，有的送來蜂蜜，還有窖藏的西瓜，班超一律拒收，婉言相勸。他看那些來訪的老者一臉慈祥，跟他的年紀差不多，有的還比他年長，就請他們一起用餐，同他們坐在暖和處晒太陽，東拉西扯論家常，處得跟老朋友一樣。那些人回去後，逢人便說大都護如何好。從二月開始，他又帶人往一些部落視察，熟悉情況，順便帶醫官為居民免費診病送藥。所以，他也認識俱毗羅的部落王烏麥，還品嘗過他家的清燉羊羔肉。

龜茲的軍隊要去俱毗羅城，必須經過它干城東北二十來里的一個山口。班超準備在那裡等白霸。果不其然，班超坐在路邊的小山坡上，等了約莫半個時辰後，全副武裝的龜茲大軍，浩浩蕩蕩地開過來了。走在前面的白霸，一身戎裝，遠遠看見班超，一臉驚奇，趕緊勒住部隊，上前打招呼說：「我準備平定了叛亂再稟報呢，不想大都護這麼快就知道了？」

「龜茲王好威風啊，走在隊伍前面，還真有大將軍的氣勢呢！」班超冷笑兩聲，嗆了兩句涼腔，就在白霸還沒反應過來的時候問，「可否借一步說話？」

白霸下馬過來，發現了兜題，嫌他嘴長。被班超拉到路邊，嚴肅地告訴他：「今天要不是兜題來報，龜茲王你要惹大麻煩了！」

白霸一頭霧水，頗為不解。「大都護當年在疏勒也曾平叛，對分裂分子絕不手軟。我正要借平叛立威，怎麼就會闖禍呢？」

「那不一樣！」班超說，「王國內部鬧事，宜撫不宜剿。非萬不得已，不要動用軍隊。你也不問青紅皂白，大軍一剿，肯定要死人，死了人就會埋下仇恨的種子。仇恨的種子遲早會發芽，隨時還會再鬧，你再鎮壓，如此反反覆覆，仇越結越大，可能就不光是鬧一鬧的問題了。除非你將人殺完，直接當個暴王。」

白霸還是不能釋懷，覺得那兩個部落也太不給面子，他登位還不滿半年，就鬧獨立，如不殺一儆百，其他部落都來仿效，龜茲還是龜茲嗎？他顯然是在洛陽逍遙日子過久了，缺乏官場歷練，缺乏對他所管理的這塊土地的了解，更缺少一方人主的胸懷，沒學會治人治心，明顯的意氣用事。他所實行的新政，照抄照搬關內的模式，有些明顯脫離實際，比如他實行的考試選官制度，在底下的部落就遇到極大的阻力，那裡沒有人認識漢字，匈奴人也沒搞出一套系統的文字來，部落王想用人沒法用，王府派給他的人他不見得喜歡。

班超一開始就不完全苟同白霸的施政方針，只是不想打擊他的積極性，想讓他試試看。試行幾個月，果然碰壁，這也就到了該調整的時候了。他想一時與白霸說不了許多，讓他先罷兵，然後跟他走一趟，要是解決不了，都護府幫他一起打。白霸就是有多不情願，也不能不顧及大都護的面子，就讓都尉把部隊帶回去了。

都護班超敢這麼說，是他有底氣。一路縱馬疾行，七八十里路一個時辰就到了。部落裡正組織男丁，占據一切有利地形，操刀執矛，嚴陣以待，還部署了不少絆馬索，明的暗的都有，就連西邊阿悉言部落的人，也趕來援助。烏麥遠遠發現來人很少，只有幾十個，當下就疑惑起來，近了又看見他派去都護府報信的兒子，竟然接來了大都護，與大都護並馬而行的，還是龜茲王，就愈加不明白了。直到班超笑著和他打招呼：「龜茲王聽說你家清燉羔羊肉特別好吃，特請本都護帶他來品嘗，你俱毗羅王該不會關門謝客吧！」

烏麥雖然還沒弄清到底是怎麼回事，但清楚龜茲大軍沒來，今天的仗是不會打了，而且大都護笑笑呵呵的，也不會看著龜茲王跟他打仗，就趕緊從城牆上跑下來，開了城門，跪拜大都護。班超看他不拜白霸，也沒勉強，就跟他來到一座清靜的院子。進門的葡萄架上已經爬滿藤蔓，牆邊的桃杏樹上，個別的杏子已經有點發黃。

趁著烏麥與他的人交流情況的機會，班超與白霸在杏樹下尋找能吃的杏子。不大功夫，烏麥跟過來，拿起一根細木棒，往杏樹的高頭敲幾下，那幾顆半黃的杏子就掉下來了。白霸一嘗，酸得倒牙，班超卻咬著吃了。他有從小吃醋的基礎，自然是不怕酸的。烏麥說：「等黃透了專門給大人送一些，想必一路渴了，先吃個西瓜吧！」

烏麥切西瓜的技術相當嫻熟，從腰間抽出一把小刀，切下一頭，然後篦幾下刀子，轉著圈在西瓜上劃拉幾下，西瓜就變成一牙一牙的，擺在葡萄架下的方几上。西瓜是窖藏去年的，放的時間長了，又涼又甜，甜得有些發膩。班超問白霸：「王在洛陽，能否吃到如此甜蜜的西瓜？」

白霸直搖頭，咬了好幾口西瓜才說：「班都護，咱倆整個兒翻個兒了。你是我，我是你。」

班超直笑，看見院子中間的饢坑，就對烏麥說：「把你家饢坑借用一下可否，今天的清燉羊肉不吃了，你幫我選一隻一歲的羊娃子，我要在你這裡烤一隻全羊，讓龜茲王見識見識，本都護在西域二十年，不是白待的。」

烏麥馬上變得一臉誠懇，高興地說：「大都護能來，我這裡各個角落都照亮了，哪能讓大都護動手呢，我這就安排殺羔羊，燒饢坑！」

班超執意要自己烤，淨了手，繫上圍裙，等大師傅褪淨羊毛，他就上手入味，抹調料。他聞著大師傅端來的調料有點味淡，就讓人多加一些細辛，說要烤于闐的風味。烏麥幫不上忙，只好圍著班超打轉轉。班超悄悄跟他說：「你還不把你那阿悉言王朋友叫來，一會兒我們吃，讓人家看著流口水嗎？」

「人都走了。」烏麥說，「我的人都撤走了，阿悉言部落的人也回去了。」

班超說：「這可不好，你去叫他吧，就說本都護請客。」

烤全羊的樂趣，相當程度在於羊肉入坑之後的等候。這期間大家儘可聊天，說笑話，逗孩子，從坑蓋開始冒氣就享受獨特的香味，一點也不浪費。烏麥的家人不是第一次見班超了，也不外道，扯了氈子往饢坑周圍一鋪，端上來瓜子果盤和奶茶，班超還真像個主人似的招呼白霸。等到饢坑的蓋子打開，一瓶濃郁的香味迅速散開，滿院都是香噴噴的。烏麥也拉著阿悉言部落王回來了，愣愣的，也就三十來歲，去歲父親去世，他繼承的部落王位。班超讓大師傅幫著出坑裝盤，洗了一把桃葉做鋪陳，說是結合了洛陽的一個民俗，初夏驅邪。然後先割了一小塊肉，遞給主人的小男孩，烏麥已經受寵若驚，趕忙與他朋友一起跪拜。班超又割下一塊遞給白霸，請他品一品，到底是什麼滋味。

白霸對班超的這一系列動作，早已看得目瞪口呆，打心裡佩服。班超已經很好地融入了西域社會，稔熟西域的民俗，烤全羊很好吃，至於是不是純正的于闐風味，他也沒嘗過，也沒有那麼重要了。吃好喝足之後，班超在饢坑邊說：「新國王勵精圖治，是幹大事的人，也是想盡快把龜茲帶到好日子、富裕日子上去的人。你們兩個部落，都是龜茲比較富裕的地方，二位部落王可要好好配合，維護國王的權威呢！大家對國王的法規命令，一定要堅決執行，至於執行中有啥問題，也可以隨時反映嘛！怎麼能動輒就鬧獨立呢？要是你們部落底下的村子也鬧獨立，不想歸你管，你們怎麼辦？」

不等烏麥開口，那落阿悉言部落王就開口了。「一個男人娶一個女人，就跟天天吃烤饢一樣，會煩的，要是一天烤饢一天拉條子嘛，就沒有那麼煩了，要是再一天抓飯，或者來只烤全羊，那就更好了。」

聽了他的話，班超忍俊不禁，誇他說得形象，飯是要變著花樣吃，不錯，但記得漢朝的法律是，一夫一妻，納妾不算。說著，給白霸使個眼色。

白霸會意，馬上接著說：「誰說只許娶一個女人了？我們規定是戶籍本上老婆只能登記一個，你再娶別的女人，那都是納妾，不算老婆！」

烏麥又問：「那妾能睡不？」

「混球蛋嘛！」白霸笑罵道。「你不睡你娶人家幹什麼？」

兩個部落王聽白霸如此解釋，疑竇冰釋，小聲議論了一會兒。似乎有司沒有向他們解釋妾不妾的，覺得他們理解錯了，原來新王給了大老婆較高的地位，小老婆不能叫妻子，也就閧然大笑，如釋重負，把這事情翻篇了。

白霸的聰明的確不是蓋的，見班超今天給他搭了一個下坡的臺子，意在糾正他不切實際的政策，馬上舉一反三，主動解釋考試錄官。王府有王府的考法，部落有部落的考法，不是隻考文化一種，你也可以考摔跤，也可以考騎馬，還可以考採礦。關鍵是要考，程序要公開，是把有能力的人選上來，讓別人服氣。他這解釋進一步打消了部落王的顧慮，倆人互相交換了一下眼神，趕緊起身，跪下給白霸磕頭。他們無意中冒犯了國王，請國王治罪。

班超一看目的已經達到，就藉故幹活幹累了腰痛，到外邊轉一轉，讓白霸和兩位部落王好好溝通。白霸的心情陰雨轉大晴，讓二人起身落座，說了許多新政方面的話，又問了一些當地的人口經濟等情況，強調以後加強上下溝通。等到班超再次進來，幾個人已經談笑風生，顯得很親熱了。

回去的路上，白霸與班超並馬緩行，他從心裡感謝大都護幫他化解了地方危機，十分敬佩大都護駕馭突發事件的能力。班超一高興，就喜歡捋鬍鬚，這時又捋起來，樂呵呵地說：「本都護也不是有多大能力，主要是跟這裡的人打交道久了，知道哪些事能做，哪些事做不成。龜茲王關鍵是實際情況不太了解，要是多下去走一走，知道底下人怎麼想，要什麼，你制定的法規就沒有那麼大的阻力了。」

白霸不斷地點頭，誠心邀請班超到王府住一段時間，幫他條分縷析，就治理龜茲的法規再行斟酌。班超痛快地答應了，並向白霸介紹了高子陵。白霸聽說有此高人，理應盡快去接。班超建議讓兜題去。「中國人當過疏勒王、尉頭王，屬於舊官僚中的大家族，用好這個人，就能擁有一大片人脈。」說著，轉身問跟在後面的兜題，「願不願跑一趟于闐？」

兜題馬上跟上來，叫大都護只管吩咐，無有不從。班超說：「你是龜茲王府的右將軍，我哪裡能調動！喏，是新王派你的差。」兜題馬上轉向白霸說：「也是唯命是從。」

白霸笑說：「你兜題真是福大命大，遇上大都護了，幾抓幾放。要是換個人，我們怕也是見不著的！」

太陽已經移動到身後，天氣仍然很熱。突然有一道煙塵從後面追來，衛士們馬上集結到後面，拔出刀劍，以防不測。及至塵埃近了，有人大喊著：「大都護，等一等！」

從馬上跳下一對打扮一新的青年男女，跑到班超馬前跪下，磕頭就拜。班超一時不明就裡，讓人扶起，一問才知道小夥子本來快病死了，是大都護在大峽谷找到了他，派意官救了他的命。他現在山上開礦，本來過幾天結婚，聽說大都護來了俱毗羅城，就想提前到今天，請大都護給做個見證。不料倉促準備，耽誤了時間，前往烏麥府上拜恩人，去晚了，這才騎馬拚命追來。」

「大喜事呀！老夫樂見年輕人百年好合！」班超下馬說道。這樁婚事對他有著特別的意義，一個跨在陰陽兩界之間的人，被他拉了一把，生活就發生了天翻地覆的變化，都娶上媳婦了，這讓他感到特別高興，覺得救人一命，的確勝造七級浮屠。他詳細地問了小夥子的名字、住址，又讓他們小兩口拜見龜茲王。末了，倆人一起給新娘子蒙上蓋頭，接受了他們敬上的喜酒，又讓祭參拿來一包錢幣，送給小夥子，說是他和國王的賀禮。小兩口千恩萬謝，戀戀不捨地離開。白霸的眼睛瞪得老大，心悅誠服地說：「大都護，我應該向你學的東西多著呢！」

白霸的話是不錯，這個人也確實不恥下問。他把班超請到王府小住，見天一起討論問題，有時也一起下去視察。等到五月底高子陵到來後，有一天烏麥來送大白杏，白霸竟然對他說：「你這杏子本王不白吃，我在洛陽有個朋友，是個做陶器生意的，過些天就來，你可以和他立約，把你的霞石賣給他，賺好多錢。」烏麥感動得不行，說不知該如何感謝大王。白霸只是輕描淡寫地說：「你按規定交稅就行，這也是我這個國王分內之事。」

班超見白霸想問題的角度發生了變化，很高興，藉機脫身，回到都護府。其實他要籌備焉耆之戰，不能再分心了。祭參做的計畫是發漢軍全軍，加龜茲、姑墨和疏勒，組成三萬大軍，從西邊逼近焉耆，調鄯善和車師出兵三千人，從東面配合，一舉拿下焉耆，順便解決跟著焉耆王跑的危須和尉犁；于闐和莎車等國的軍隊，路途遙遠，就不用調了。

班超認為可行是可行，但于闐王是個要強的人，已經讓高子陵帶了話，西域的最後一戰，不讓他參加，肯定不行。還有且運，記著大都護為光復莎車，費了九牛二虎之力，打焉耆他也不能袖手旁觀。因此，這場戰役也不能光算經濟帳，要考慮政治影響，他準備讓龜茲少出一些兵，同時建議白霸裁減一部分兵員。龜茲擁兵兩萬，屬於歷史遺留問題，尤利多時代主要是為了控制別的王國，現在有都護府協調，沒有這樣的需求了。精簡的人員還可以去開礦嘛，用一包包石頭換回一包包金錢，何樂而不為！

然而，到了六月中旬，班勇突然跑回來，都護府的一切籌謀都被打亂了。已經長得與父親一般高的班勇，不但沒給父親帶來任何喜悅，還帶來一系列極壞的消息，大將軍竇憲被誅，同黨門徒被究，連累班固被害，風傳還要查辦班超。而且只過了幾天，受朝廷指派的涼州刺史胡正，真的帶人住進了都護府。

漢朝的州刺史官雖不大，秩奉只有六百石，但權力很大，說彈劾誰就彈劾誰。他們一來就找班超「了解情況」，白天也問，晚上也問，干擾得班超什麼事情也做不成，明擺著拿竇憲幫著解決十個配婦的事為突破口，想把班超扯到竇憲的同黨裡查辦。班超知道這些人拿著尚方寶劍，不好惹，央求他們過一段時間再查，他眼下正忙著籌劃收復焉耆的戰役。

胡正是個三十來歲的年輕人，躊躇滿志，一心想查出大案要案，好邀功請賞，升官發財。至於國家安全，民族興亡，西域光復，「絲綢之路」暢通與否，不是他考慮的事情。這些人折騰幾天下來，似乎發現了蛛絲馬跡，直接訓誡班超：「你能否當這個都護都兩說，還想什麼打仗！」

班超無奈，只好退讓一步，自己配合調查，讓他們不要再干擾制定作戰方案的祭參。誰知胡正非但不聽，還把剛從前線偵查回來的祭參禁錮起來，說他是勾結竇憲的當事人。班超受此打擊，又加飲食不當，一下子病倒了，大熱天發起了高燒，醫官想了很多辦法，好幾天退不下熱去。刺史胡正一幫人還認為班超裝病，繼續叨擾。

渾身滾燙的班超，躺在炕上，時而清醒，時而昏沉。在他看來，竇憲在漠北一戰定乾坤，一舉雪了漢高祖以來幾百年與匈奴媾和的恥辱，取得了漢武帝四十年對匈奴作戰不曾達到的戰果，實現了光武、孝明、孝章三代皇帝的夙願，從此奠定了中國北疆的新格局，開創了中國邊疆統一和中華民族融合的新程序，其功績遠在李廣、霍去病之上。可是，當朝的很多人及後來的史家，都以竇憲先前劣跡斑斑為由，故意淡化甚至抹殺竇憲的歷史功績，迴避他對中華民族的偉大貢獻。這是我們這個民族劣根性的一大特徵，是中國傳統文化裡趨炎附勢、落井下石、不實事求是等糟粕的集中表現。

所以，范曄在《後漢書》中鳴不平：「衛青、霍去病資強漢之眾，連年以事匈奴，國耗太半矣，而猾虜未之勝，所世猶傳其良將，豈非以身名自終邪！竇憲率羌胡邊雜之師，一舉而空朔庭，至乃追奔稽落之表，飲馬比鞮之曲，銘石負鼎，薦告清廟。列其功庸，兼茂於前多矣，而後世莫稱者，章末釁以降其實也。是以下流，君子所甚惡焉。夫二三子是之不過房幄之間，非復搜揚仄陋，選舉而登也。當青病奴僕之時，竇將軍念咎之日，乃庸力之不暇，思鳴之無晨，何意裂膏腴，享崇號乎？東方朔稱『用之則為虎，不用則為鼠』，信矣。以此言之，士有懷琬琰以就煨塵者，亦何可支哉！」

竇憲被殺，完全是朝廷的權力之爭，或者說是和帝劉肇這個偏執少年，知道了自己的身世後欲殺竇太后而不能，轉滅竇氏的恣意所為。在金微山大捷後，竇憲一再謙讓不受封爵，但將跟他作戰的有功之臣，都提拔安排到比較重要的位置，比如郡守，京中各營的校尉等，說起來也是論功行賞，兌現了他當初的承諾。何況他當初遴選的官吏，本來就都是朝中菁英。

可是他這一來，形式上朝廷大多成了竇家線上的人，一時風傳只知有大將軍，不知有皇帝。這也就是一種譏諷的說法，竇憲遠在西涼，又沒挾持皇帝，怎能片雲遮日呢？一幫被邊緣化的官吏，本來就沒有什麼建樹，對竇憲未提拔自己心懷不滿，紛紛與宦官勾結，在和帝面前挑事，說出竇太后如何殘害其母梁貴人的種種殘酷，又虛構竇憲準備謀反，要廢了他這個小皇帝，等等。

是時和帝劉肇只是個不到十四歲的孩子，心智上還不健全，他也不會想，竇憲已位極人臣，要風得風，要雨得雨，把自己的人都安排好以後，就常駐涼州享逍遙，不太過問朝中瑣事了，再冒天下之大不韙，要你那個帝位引起天下大亂，有何意義？小皇帝只是恐懼得要命，怕死。為了活命，就得想辦法誅滅竇憲。而他一個小屁孩哪裡有什麼辦法，身邊也沒有可以依靠的人，看見小黃門鄭眾正帶著幾個太監澆花，想這個管理後宮花園的鉤盾令與他玩得挺好，幫他抓過蟈蟈，逮過鳥，還時常弄些宮外的小玩意兒逗他開心，就把鄭眾叫來問他想不想榮華富貴。

世人皆求富貴，哪有不想的！當太監的割了襠裡的傢伙進宮，更是慾望到了極點。遇上皇帝引為心腹，就是鋌而走險，也在所不惜了。從來風險越大的事情，回報越高。劉肇說：「只要你幫我，事成之後讓你當大長秋。」

大長秋秩奉二千石，但地位遠非三公九卿能比，相當於皇帝的機要祕書，隨時都可以狐假虎威，傳達聖旨，是太監這條道上的最高境界。二十八歲的鄭眾當下就跪倒在地，表了忠心。這個澆花剪枝的鄭眾也確實厲害，他在皇宮十多年耳濡目染，也習得許多權謀之術。他先從宮外找來前朝懲處外戚的資料，以為效法，然後就出了一個誅殺竇憲的連環計。

這天早朝之後，和帝就跟著竇太后來到長秋宮。竇蕊很奇怪：皇帝不回自己住處，跟著她做什麼？不問還罷，一問和帝就哭上了。竇太后一看和帝眼淚長淌，憐憫地說：「皇帝這是怎麼了，哪兒不舒服嗎？要不要傳太醫？」

誰知劉肇邊哭邊說：「孩兒是為大舅父竇憲傷心。早朝有人奏邊關之事，讓他想起大將軍平匈奴，為國家立下了曠世之功，應該好好享受人生了。可是他現在年事漸高，還住在西涼那荒僻的地方，忍受朔風沙暴，當外甥的實在於心不忍。」

竇太后一聽不免動容，想我兒這麼體恤阿舅，大將軍沒白為社稷操勞一場。可是，他自己不想管朝中的瑣事，就喜歡在西涼躲清閒，也只好由著他吧！

劉肇一聽太后這麼說，哭得更厲害了。「太后，先帝臨終將孩兒託付給舅父，他卻躲得遠遠的。朝堂這麼多事情，孩兒哪裡能理得清，見天讓那些大臣欺蒙，也未可知。不如請大將軍回來主持朝政，孩兒可專心學習，聆聽大舅父教誨，將來自己斷事，也就有了分寸，太后也不用那麼辛苦操心。」

劉肇這幾句臺詞的道出，看似乎淡，實則非常專業，深刻，具有邏輯性，與他受人蠱惑、急於誅竇的荒唐說法極不相稱。他先說竇憲受了先帝託孤，對他有輔助的責任，再說朝堂複雜，需要竇憲這樣的人壓陣，最後還擺出一副虛心孝順的樣子，不由竇太后不體諒他的苦衷。實際上，竇太后巴不得竇憲回朝，他好有所依憑。於是，當小皇帝劉肇請她下道懿旨，與他的詔書一併送到西涼，促請竇憲回朝時，她還覺得於公於私她都得依。

劉肇按照舉世無雙的花匠鄭眾的策劃，一步步將竇太后設計進去。等太后的懿旨擬好，又提議派蔡倫親往涼州宣召，以示借重。

竇憲一看皇帝的詔書言辭懇切，情深義重，非常震驚。他根本沒想到乳臭未乾的小劉肇還能跟他玩計謀上想，就帶著女婿和近吏高高興興回朝了。等他一到洛陽，鄭眾就坐著皇帝的御駕，利誘並策反了竇憲提拔的衛尉，然後軟禁了竇太后姊妹，由他拿著劉肇密令，突然將竇憲家族全部抓捕，一體殺戮。由此可見，軍事政變有時候並不需要動用多少軍隊，關鍵時刻用對一個人，即可大功告成，這個人也未必身居高位。

鄭眾滅了竇氏，和帝如約封他為大長秋，並把從竇氏手裡奪回的朝廷決斷大權，全部委託給他。沒過幾天，做了大事的和帝，選了曾祖母陰麗華的娘家曾孫女陰氏為貴人，鄭眾又把權利分一部分給陰秩、陰輔、陰敞三兄弟。這也就是左手換右手，和帝自己並沒留下什麼。唯一的收穫就是再也不做舅舅殺他的噩夢了。而閹人鄭眾是個心狠手辣的角色，極力攛掇劉肇斬草除根，將朝中和地方上竇憲的親信和竇憲提拔的人，或殺或徙，剷除乾淨。一時間勾連牽扯，大半個朝堂空缺，郡縣的衙門裡也血流成河，死了三千多人，把東漢一些有能力有才華的官吏，多半廢了。

班固是個很背的人，大半生官運不佳，本來在家為母守孝，與竇憲一文錢的關係都沒有，就因為才華出眾被竇憲徵召，因忠廢孝，跟隨大軍討伐匈奴，幾番奔波，立了功勳，好不容易補了個中護軍的缺，躋身二千石之列，還沒領上一年的俸祿，就被免官。屋漏偏逢連夜雨，又遇上時任洛陽令落井下石，因為班固家的車伕曾經衝撞過他，就將六十歲的大文豪以竇氏餘黨的罪名緝捕入獄，活活逼死了。

草草安埋了伯父之後，班雄得悉有人誣陷父親與竇憲過從甚密，上奏彈劾，即打發弟弟班勇祕入西域，請求班超上疏為自己辯白。班超異常傷心，感嘆忠臣報國之難，難於上青天。你在前方殫心竭慮，出生入死，他在後面尋瑕覓隙，暗箭伺候。自古國之不幸，小弱登基，輔臣專斷，自有私利，天下豈有大公無私者乎？民之不幸，戰亂災禍，饑饉所迫，盜匪四起，田疇難立空腹道德。一旦矯枉，大多過正，表象為本，清黨劃線，全不顧忠奸德才；權力之鬥，傷國亡人，又與社稷民生何干？

忠國者要為自己忠國而自證，就像你要向世人證實你是親母親的親兒子一樣，何等的荒唐！班超心中憤憤，趕緊打發班勇回去，以免落下串聯的口實，甚至沒有顧上過問他是否見過母親。他知道在濃霧重霾籠罩的日子，別人很難看清你的面目，也打算在焉耆戰役結束後，認認真真向朝廷上一封奏疏。沒想到監察刺史像催命判官一樣，突然間就撲上來了……班超不知道，不聲不響的田慮，早都憋著一肚子氣。這個出身西羌的將軍，人仗義、愛朋友，不太關心官場的事情，自有他辨別是非的標準。他想這東漢朝廷殺了竇憲，又來整班超，總是跟功臣過不去，就不是什麼好朝廷，給這樣的朝廷賣命，還不如回西羌放羊去！臨走之前，他領了幾個士兵，把胡正和他的四個爪牙，通通往馬背上一架，一口氣往沙漠腹地跑出一百多里，然後將其往滾燙的沙地上一摜，讓親兵回都護府報信，說他不幹了。

田慮走後，被刺史胡正招呼來看管祭參的士兵，馬上放了自己的長官。祭參擔心田慮意氣用事，真把那幫小人晒成肉乾，事情的性質就變了，不但幫不了班超，反會授人以柄。他急忙跑到都護官邸，偷偷叫出照顧班超的甘英，讓他去追田慮。甘英祕密叫了幾個人，騎上快馬就跑，與田慮和他那幾個士兵先後相遇，一顆提著的心終於放下。一番苦口婆心，總算勸住田慮，然後兩隊併作一隊，往沙漠去接刺史。

這時候，那幾個人已經被烈日下的沙漠炙烤得快要渴死，跌跌撞撞尋找馬蹄印，試圖走出沙漠，看見有人來救，一個個倒下就拜，哀求救命，說他們只是例行公事，好早日向朝廷交差，並無加害都護之意。甘英讓士兵給他們水喝，笑說：「田校尉帶各位出來，是想讓大人們體會一下西域的艱苦，沒有別的意思。想當年我們三十六個人跟著班超闖西域，烈日下行軍是家常便飯，熱死駱駝的事情也不少見，到現在剩下的就我們幾個人了，希望刺史大人能體諒，西域能有今天局面，的確千難萬難。」

胡正馬上唯唯諾諾，趕緊奉承班超，稱讚漢軍在西域取得的成就，還對自己的過錯連連道歉。甘英覺得怪怪的，這些不可一世的小人，嘴怎麼一下子都跟抹了蜜似的，盡說好聽的，無意間發現刺史和他的助手擠眉弄眼，突然明白人家使的是緩兵之計，回到都護府一定會和他們算總帳，而拘禁朝廷命官的罪名一旦坐實，那就是殺頭的下場。

甘英向田慮使個眼色，提議先找沙漠邊緣一個小鎮，吃喝一頓，等太陽偏西熱浪略減再行路。胡正等人晒了好長時間，剛才補充的水分明顯不夠，早已飢渴難耐，自然同意。吃飯之時，甘英與田慮借如廁之機定下計策，要給自己洗脫罪名。進城時天已擦黑，兩人一齊出手，啪啪啪幾下，將刺史和他的助手全部打昏，悄悄送入妓院。

半夜之時，胡正等五人光著屁股，跑到都護府門前，求門吏放行。門吏看他們拿不出腰牌，置之不理，見他們躲在門洞，瑟瑟發抖，也不轟攆。天明之後，甘英藉故到門口，發現胡正等人的狼狽相，心裡樂呵呵，卻裝出一副吃驚的樣子，當著幾個早起看熱鬧的居民的面，詢問怎麼回事。胡正羞慚滿面，雙手緊捂下體，只求快快進門，什麼也不要問了。

甘英怕一會兒瞧熱鬧的居民越來越多，影響太壞，就讓門吏趕快開門，還故意罵他們有眼無珠，竟把刺史大人擋在門外。正演得入戲，鴇兒領著幾個窯姐兒來了，懷裡抱著刺史等人的衣服，指著鼻子罵他們：「你們這些人真不要臉！睡了姐兒拿衣裳作抵押，答應天不明就拿錢來贖，等半天不來，還得累老娘自己來討！」

甘英趕緊賠話，讓人拿錢，換回胡正寫的憑據和衣裳，幫著穿戴起來，看著他們灰溜溜地跑了。胡正吃了悶虧，心裡恨得咬牙，被甘英拿著把柄，又不敢發作，沒奈何解除了祭參的禁錮，但要隨叫隨到。接下來就纏著甘英要他們那個汙點憑據。甘英說：「那是一大筆錢贖回的，要做帳。誰要拿走就得拿錢頂，或者你們給都護府重新寫個借據。」

刺史本是清水衙門的官，哪有這許多錢，碰了頭，又轉求班超。班超的燒略退，只聽刺史說嫖娼忘了帶錢，丟了人，還請都護大人給撿回點面子，就知道這裡頭肯定有文章，叫來甘英詢問。甘英也不說他與田盧的事，只道：「刺史嫖娼不給錢，影響很壞，可能是他們藉著手握參奏大權，在關內吃白食霸道慣了，到了西域還這麼為所欲為。朝廷撥給我們的錢是有數的，也不能讓他們公款嫖娼不是！依下官看應該報告朝廷，讓皇帝給他們報銷！」

班超發出生病以來難得的一笑，說：「得饒人處且饒人。你如何設計的我不管，總之那錢就你出了好了，憑據牌子還給人家，年輕人還要前程呢！」

甘英老大不願意，嘟噥半天，最後自認倒楣。哪知刺史這些人都是屬變色龍的，一拿到汙點憑據就變了臉，竟然大聲斥責班超怕罪行暴露，派部下加害刺史，威脅要立即上奏朝廷，彈劾班超。而且要傳令白霸，讓龜茲王派人保護他們。

白霸與高子陵從下面視察剛回來，聽說刺史竟然直接向他下令，卻是好笑。倒是好久沒見班超，不免想念，就與高子陵一起來到都護府。看見班超病病殃殃，忙向醫官打聽病情。又聽田慮說是被人搜身，心下就明白了。對胡正說：「朝廷的事，我作為龜茲王，無權過問。但像大都護這樣忠心耿耿、雄才大略的官吏，在大漢朝恐怕也找不出幾個！你小小六百石的刺史，竟敢給本王下命令，既是違制，也是自不量力，豈不知大都護是代表朝廷的？別說本王沒有保護你，就是都護大人依軍法處置你們，那也是應該的。正人先要正己，本王在洛陽待了四十多年，見過吃飯不給錢的，還沒見過你們這樣狂窯子不給錢的無賴！」

胡正被白霸這麼一噁心，臉色通紅，此後再未張狂，甚至還有些畢恭畢敬。為此，臨走班超還設宴送行，客氣地說：「在龜茲期間要有啥不開心，請多多包涵。」

可是僅僅過了一個月，胡正殺了回馬槍，帶著廷尉府的人拿祭參來了。班超非常震驚，心想：「整我就整我吧，我六十歲了，自忖對得起竇固將軍的提挈，也對得起大漢朝廷給的這個都護身分！但祭參不一樣，那孩子是個大才，有大能耐的，才四十來歲，正是做事情的時候，整他做什麼？他的一切行動都是受我支配的啊！」

廷尉府的人不錯，給了班超一封信，是李邑捎來的。原來刺史回到洛陽，馬上露出狼的大尾巴，直接參班超兩宗大罪，一是與匈奴有私情，對兜題三抓三放；二是充當竇憲心腹，敬竇憲不敬朝廷。好在之前朝廷接到了龜茲王白霸撰寫、請疏勒、姑墨、莎車、于闐、拘彌和鄯善等多個國王簽名的表章，一起向和帝歌功頌德，誇讚朝廷派出的都護班超頗得人心。李邑也猜出是高子陵所策劃，班超未必知情。但這封聯名錶很重要，讓和帝很高興。又聽鄭眾透露打仗抓放俘虜的多了，意在爭取人心，把私通匈奴這一條直接否了。配婦的事情，當時竇憲可能覺得事情太小，或者軍務繁忙忘記了，未在朝廷備案，就留下了禍端。但鄭眾懷疑祭參私自做主，想攀更高的枝，應該與班超無關，和帝就把罪定到祭參頭上，這是無法挽回的了，只能等祭參到了洛陽，再想辦法轉圜。

作為帶了祭參二十年，看著他從一個毛頭小夥成長起來的叔父和長官，班超傷心極了，他不能讓賢姪代他受過，立即親寫了一封奏疏，準備用八百里加急遞送，卻被祭參給燒了。這個在他看來永遠都是小字輩的中年人，臉色冷峻，精神淡定，表現出極度的平靜，他說：「欲加之罪，何患無辭，皇帝的詔命，豈能更改！都護大人就是攬了責，我仍然脫不得關係，何苦多連累一人呢！況且大都護乃西域的旗幟，是漢朝的標誌，堅決不能倒，你還有收復焉耆的大事要做，就不要在這件事上徒費周章了。我們祭家可能就是遭讒的宿命，我父親祭肜被冤死，現在輪到我了，憾只憾沒能幫助大都護打完焉耆這一仗，完成收復西域的大業……」

祭參被帶走了。臨走前，他詳細彙報了對敵偵查的情況，提醒作戰時應該特別注意的一些問題，當時連廷尉府的人都感動了。班超更是心如刀絞，他能做的只是請求讓祭參沿途見見家人。望著祭參漸漸遠去的背影，他下意識想揮手告別，怎奈舉了幾次，也沒舉起手臂，突然渾身無力，腿連身子都支撐不住，像磚堆子一樣跌落下去了……

祭靈

祭參到了疏勒，由護送的田慮連同徐幹、董健和白狐一起作保，回家住了兩夜一天。為了不讓妻子擔心，他告訴妻子要去關內送一趟公文，可能時間比較長，希望𡚱萊照顧好一雙兒女。𡚱萊還不到三十歲，也沒有城府，想著祭參入關也不是第一次，只顧與丈夫享受歡聚的喜悅，自始至終都沒有發現祭參有什麼異常。十二歲的女兒和十歲的兒子，甚至怕耽誤在漢學館的學業，都沒有在家陪父親一天，出門時匆匆與父親說再見。祭參忍不住叫回他們，攬在懷裡，愛撫了半天，強忍著淚水沒讓掉下來。及至到了莎車，見了莎車王且運，才由田慮說破。且運又不能藏人玩失蹤，又不能殺了解送的官吏，著急又擔心，唉聲嘆氣，不停地在屋子裡打轉轉。

為了打破僵局，白狐說：「祭參兄弟有大智大慧，到了洛陽一定能自辯清白。」

這話其實言不由衷，他們早聽說洛陽的監獄就是地獄，多堅強的人進去，都能讞成死罪，僥倖不死，也要脫上幾層皮，出來就殘廢了，除非皇上保你。可眼下的劉肇滅了老外戚，又寵幸新外戚，憑著陰貴人一家，與宦官鄭眾聯手，在朝廷重新洗牌，已經把西域都護府洗進去了，豈是能保祭參的！所以他和董健都向徐幹告了假，跟著田慮來護送，本身就是當做最後的陪伴。為了他們之間二十年的生死交情，他們一定要陪祭參走到陽關，後面就生死由命了。

不管幾個人多麼強顏歡笑，筵席的氣氛都沒法活躍。田慮突然向刺史敬酒一觚，請求做個人情，讓自己冒名頂替祭參，反正朝裡也沒人認識他，再說得罪刺史的是他，不應該連累祭參。胡正這一路已經領略了祭參的人品人緣，心中早已惶惶，只好道出實情：「朝廷其實是有指標的，各郡國都有揪竇憲餘黨的任務，不能有空白，與他們之間個人恩怨無關。要是頂替事敗，非但救不了祭參，又白白斷送了你，還要連累我等解送之人，實在不敢造次。」

祭參理解生死兄弟的含義，勸大家不要徒費心思了。他把一切都看得很開，「君要臣死，臣不得不死」，這是做忠臣的底線。祭家幾代忠良，父親就是寃死自證，恢復了清白，所以也不覺委屈。他苦笑著端起酒觚，先敬老丈人且運，感謝他將千金嫁給自己，讓他在遙遠的西域建立了溫暖的家，十多年來又多有資助。接下來逐一敬白狐、董健和田慮，感謝他們一路陪護，這二十年生死與共的感情，都在一路的馬蹄聲裡，都在蔥嶺河水釀造的酒裡。他請大家不要因為他而喪氣，要對朝廷有信心，和帝劉肇很快會成長為大人，朝政也會變得清明。倒是眼下焉耆、危須和尉犁還沒有光復，都護身邊的老傢伙，就剩你們幾個了，希望你們繼續全力幫他。他也老了，就等著功德圓滿那一天，告老還鄉呢！最後他也敬了押解他的官吏，一路沒讓他戴解具。

第二天上路，走到蔥嶺河邊，祭參提出要去不遠的地方看看班公磨，那是他與李兗、宋希合作，帶著漢軍修建的。如今半人高的引水渠邊，齊齊兩排榆柳，堤坡上滿是青草。一渠清澈的河水，源源不斷流進磨坊的水輪機，帶動磨盤發出轟轟隆隆的響聲。石碑上「班公磨」三個大字的紅色有些脫落，但瀟脫的章體仍然清晰可見。幾位等待磨麵的居民，正在樹蔭下閒聊乘涼。祭參過去問他們：「磨一斗麥子需要多長時間？」老鄉答說：「半個時辰，要是麩皮留得多，還能快點。」

祭參點點頭，重複地說了幾遍「半個時辰」，突然縱身一躍，跳進磨坊的入水口，卡到水輪機裡去了……祭參，自殺了！

人們從上游入水口斷了流，費了許多周折，才將屍體從水輪機裡掏出來。看著面色煞白的祭參，渾身水淋淋地躺在地上，雙目緊閉，他的三位戰友都沉默了。他們輪換著背這個「碎慫」，一直背到莎車王宮，連獨臂董健也當仁不讓，似乎要用自己的身體，暖幹祭參的溼身。以往他們幾個總拿祭參當孩子逗，後來田慮看見他們兩家的孩子一起玩，玩得很開心，這才感到祭參也是父親了，以後不能再稱呼「碎慫」了。想不到這位小他們十歲的弟兄，在去往九泉的路上，竟然走到了他們前面。

由於天氣太熱，沿途無法補充冰塊，大家商議祭參不回疏勒了，就在莎車入土為安。且運派人去疏勒接挲萊和孩子，徐幹一起趕來。挲萊一看見丈夫的遺體就哭暈了，搶救半夜才醒來。一雙兒女也哭得聲嘶力竭，嗓子都啞了。徐幹拉起兩個孩子，勸慰道：「好孩子，再哭你爹爹也聽不到了，記著他的好，快快長大吧！」

田慮乾脆將孩子領出去，交給他們的外婆照看，不讓來靈前了。都尉江瑟感念祭參在關鍵時刻救他，領著一群軍官在靈前跪了很久。到了下葬的時候，抬靈的官兵更是來了幾百人。

到了墳地，連空氣都變得肅穆起來。祭參的兒子，誦讀了父親的遺詩：「盛衰各有時，立身苦不早。人生非金石，豈能長壽考？」

這首短詩，引起人們深深的思考。不知一個剛過不惑之年的人，為何對人生的盡頭，有如此的冷靜！靈柩入穴後，肇萊突然跳了進去，拍打著棺蓋，要同丈夫一同西去，白狐和田盧兩個下去拉，費了吃奶的力氣才拉上來。急得董健在上面說：「要陪祭參，也是我們兄弟三個陪，你還要養孩子呢！」

聽了董健的話，在場的人無不掩面而泣。等到墳墓堆起，徐幹代表班超上了祭香，頭頂突然響了一聲炸雷。一陣陰風颳來，幾朵烏雲壓頂，劈里啪啦砸下一陣冰雹，小如豌豆，大如雞卵，旋兒又轉成暴雨，和人的眼淚混在了一起。田盧嘟噥了一聲：「天暴了！」

天是暴了。自從和帝劉肇誅滅假想敵竇憲，在朝廷和各個郡國深挖竇氏餘黨，給一些別有用心的小人提供了挾嫌報復的機會，想搬倒誰，只要捏個竇氏餘黨的罪名，上一個奏章，那個人就完蛋了。一時間官場變成了絞肉場，當官的風險大增，官吏們人人自危，惶惶不可終日，誰也不知道下一個倒楣的是誰。偏偏兩個多月，黃河流域從關中到洛陽，再到幽燕冀魯豫平原，十多個郡國大旱不雨，河床裸露，土地龜裂，禾苗枯死，人畜飲水都遇到困難，報災的奏章雪片似飛到朝廷。鄭眾派人往嵩高、首陽山祈雨無果，就在南宮門外廣場搭臺，請劉肇停止與十二歲的陰貴人在後宮家家酒，親自登臺求雨。這場活動請了好幾百高僧大道，折騰了許多國帑金幣，場面不可謂不大，也沒求下半點雨滴。

中華文明之所以源遠流長，屢遭挫折而沒有亡族滅種，相當程度是因為不管環境多麼惡劣，處境多麼困難，總有一些仁人志士，置個人生死於度外，關鍵時候挺身而出。就在少年皇帝被一幫佞臣簇擁著瞎折騰的時候，原先反對竇憲擁立北單于的太尉尹睦，聯繫了幾個正直的大臣冒死上疏，曰：「自古天地人一體，人禍天知，天遣地報。如今的大旱災是血光過盛，惹惱了天神。朝廷誅竇，原是為了查究私黨，清明國是。到地方無限擴大，層層下指標，定任務，勾扯攀連，互相攻訐，大獄一興，冤者過半。那些奉命查案的官員面對口供，為了避免自己被追究，寧信其有，不信其無，以至於冤魂遍野，徘徊不去，天神也是悲憫，是故不雨責人。為今之計，宜立即停止究察，清理大獄，釋放無辜，撫慰冤魂，方能穩定人心，慰藉亡靈，進而感天動地，福瑞呈祥。」

實際執掌朝政的大長秋鄭眾，覺得竇憲的事情已經擴大化，很難收場，不如藉機打住，免得天怒人怨，又有陰貴人的父親陰綱，以前曾得到過竇憲的提攜，這會兒也多少施加一些影響，就讓和帝准奏，把那些無辜牽扯進去的人，沒死的全放了。鄭眾聽說了大文豪班固遇害，也是惋惜，請和帝下詔撫卹，並請班固的妹妹班昭續修國史，同時也給徹底失勢的竇太后姊妹解除軟禁。說來也怪，久旱的大地突降甘霖，此後的幾年都風調雨順，要說是巧合，這也太巧了！

過了半年，參與平反冤假錯案的班雄，從竇憲大營查抄的浩瀚文牘中，發現了父親班超就配婦月兒之事，給朝廷的專奏，請求為祭參平反昭雪。時任中護軍李邑也予附議道：「祭參乃忠烈之後，都護班超肱股佐吏，以竇氏餘黨之罪冤死，傷了邊關將士之心，在西域影響很壞，應予厚恤，並嚴究製造冤案之人，以安撫人心。」

劉肇當堂准奏，也沒問鄭眾，就派了李邑前往西域慰問，並判羅織罪名的刺史胡正等人流八千里，押解到西域，交由都護府處置。

李邑先到疏勒，在徐幹陪同下慰問了羋萊母子，到達它干城的時候，已是永元五年（93）夏季。班超經過一年的調養治療，身體漸漸恢復。說起來特別感激兩個人，一個是他從疏勒帶去的老媽子，另一個是高子陵。那天送別祭參，他突然昏倒，幸得韓發甘英扶住，背回府邸，當時眼睛睜著，半天不眨，牙關緊閉，只有鼻子在哼哼，也不知想說什麼。虧得老傭人有經驗，趕緊拿來一根縫衣服的針，在火上烤了烤，將班超的十個手指頭全都扎破，使勁擠著放血，等醫官趕過來，人已經能說話了。醫官趕緊把脈開藥，並把老媽子感謝一通。沒有她的處置，大都護怕是要半身不遂了。

大危險躲過後，班超一直頭暈體乏，一點兒也打不起精神。醫官每日裡扎針、熬藥，過兩天好，過兩天又差，反反覆覆，始終未見輕省。有一天高子陵專門跑過來陪他說話，說著說著，他就睡著了。睡夢裡感覺自己走進了一個全新的世界。在那裡，天地一片水藍，也辨不清是花草還是莊稼。馬路寬闊筆直，路上車水馬龍，但來來往往的馬車卻不用馬拉，自己行走，跑得還飛快。城郭很大，樓房很高，奇怪的是人和人都不打招呼，也不用工作，所有的人都在著魔地玩一種拳頭大的玩具，不管走路還是坐車，抑或是躺在炕上，只要沒睡著，手指能動，也不用眼看，全部駕輕就熟。

要是在地上玩煩了，還可以到天上去玩。天地之間有望不見盡頭的梯子相連，人往梯子上一站，忽悠一下就上去了，也不用一節一節地攀登。到了天上，滿目所及全是亂飛的星星，不小心撞上一顆，那耀眼的光球裡發出一個沉悶的聲音：「我是啟明星。還沒到天明的時候，我不能帶你同行。」話音一落，星自飛走。把他晾在浩渺的空間，無處落腳，突然間向下墜落，越墜越快。他拚命地喊叫著，亂抓亂踹，終於在快要落地的時候，抓住一條胡楊樹的細枝，晃了幾下，樹枝折斷，他還是掉在地上，摔得他腰痛難捱，咬著牙吸氣……眼睛一睜，醒了。意識從天上回到人間，班超讓高子陵幫他解夢。高子陵說：「你夢的沒準是未來人類的生活，與現實根本不搭界。」

過了幾天，田慮帶回祭參的死訊。班超呆了幾天，既不說話，也沒有哭泣，只把一切的悲哀都埋在心裡。其實這結局他早有預料，他認為祭參上天了，就是他在天上碰見的那顆啟明星，光耀星河，與他擦肩而過，飛到宇宙的廣袤中去了。從那以後，高子陵每隔幾天就來陪他，兩個互相欣賞的花甲老人，一聊就是半晌。醫官說，這種知音交流比吃藥更管用。高子陵這一年一直在龜茲，幫白霸建章立制，延城和它干城兩邊跑，也是不辭辛苦，感動得新任府丞甘英，專門在都護官邸給他騰了一間屋子。白霸也經常來探望，他託人搞來了靈芝、天麻，加上烏麥送來的雪蓮花，文火煮湯，當茶飲用，據說也是醫治心疼病的良方。

大病初癒的班超，在都護府設宴，為衛侯接風，請了龜茲王白霸和高子陵作陪。他的感激是真誠的，感謝李邑幾次伸張正義，在關鍵時刻維護西域官兵。李邑說：「要感謝你就謝你兒子吧，要不是班雄發現了端倪，本官也不敢出頭。朝廷這場風暴，來得突然，颳得久長，總算過去了。從來廷爭，皆為權鬥，罕有想改換江山的，謀逆之說多是胡扯。本官這次能夠置身是非之外的，全是託了無甚大才之福。想那竇憲出師之時，盡攬朝堂英才，帶空了半個朝廷，可是他一倒臺，那些人都慘了，不是人頭落地，就是罷官遠徙。本官這樣的庸才，他看不上的，倒補了你家阿兄中護軍的缺。這還真驗證了一句古話，能笑到最後的，既不是菁英高才，也不是傻瓜莽漢，而是平庸俗士。」

李邑大概是喝多了，或者壓根兒沒把班超當外人，說出一大堆官場鮮有人言的實話，令班超感慨萬千。以他的性格，幸虧遠在西域，獨立行事，要是立在朝堂，怕也是要遭人嫉恨的。高子陵說：「衛侯大人的官越大，人越實在了，老夫非常欽佩。」

白霸卻在酒桌上揭了李邑一個短。「衛侯年輕時嫖妓，被老婆堵在妓院，黑燈瞎火逃到我家貨棧門口，求我幫忙。我看他衣衫不整的狼狽樣兒，就把他藏到裝核桃的貨櫃裡邊。他老婆追過來時，還在裡面響動。害得我在外面直擔心，萬一被老婆揭開櫃蓋，就櫃中捉鱉了。」

「龜茲王羞煞我也！」李邑自嘲一笑，敬了白霸一觚。「誰無少年輕狂時，龜茲王還記得這段，說明花心還在，容老弟改日到王府叨擾。」

白霸藉助話茬說：「那就說好了，明日本王做東，包中護軍滿意而歸。」

李邑在龜茲王府裡盤桓一天，回來後在它干城住了幾天。班超委託甘英，帶衛侯到處轉了轉，看景逛街瞭人，採購稀罕。因為李邑還要去烏孫出使，與小昆莫見面，實現遊歷天山的夙願，班超又派人召回白狐，並派吳凡帶了一隊人馬護送，回程直接從烏孫經蒲類海送到玉門關。臨分手時李邑告訴班超：「不要忘了常上奏常彙報，不管和帝殺誰，他對你還是認可的。」

「謝謝衛侯提醒。」班超滿口應承，佩服李邑會做官。可是李邑那樣的官沒有他的份，他正面臨來自部下的壓力。

祭參的週年忌日快到了，按照班超的想法，將胡正拉去墳前正法，算是給冤死的祭參一個說法，其他四個從犯，訓誡一番從軍，給他們一條重新做人的出路。可是田慮和甘英不幹，一定要全部殺掉。小小一個胡正，頂不了祭參的命！疏勒那邊也是殺聲一片，董健那個火爆性子，要不是李邑堅持將人犯親手交給大都護，早把他們剁成肉泥了。作為西域都護，班超既想伸張正義，懲處罪犯，又不想殺人過多，畢竟那都是些三二十歲的年輕人。說起來栽贓都護，陷害祭參，固然與這些人的品格有很大的關係，但如果沒有朝廷自導自演的那場風暴，他們就是想害人，也沒有機會。冤案頻出，源於朝廷沒有健全的執法監督機制。

這天上午，班超讓韓發將人犯帶過來，想弄清楚他們踩死別人立功的動力，與當時形勢的壓力，在這樁冤案上孰輕孰重。五個人跪成兩排，胡正在前，另四個在他身後，一個個頭髮散亂，鬍子拉碴，臉色像死灰一樣，眼裡充滿了失落、無奈和絕望。尤其是胡正，眼泡浮腫，好像多日都不曾睡穩了。班超板著臉打量了他們一陣，問他們對自己的罪行有何認識。

「能見大都護一面，死了也就無憾了！」胡正一連磕了三個頭，說道：「刺史升遷，首先看你辦沒辦過大案要案，看你扳倒的人是什麼級別，吃多少俸祿，所以我們這些人的心態都不好，沒案找案，小案辦成大案。總盼著官吏出事，一心想著拿下別人成就自己。我就是在這樣的心態驅使下，帶著人來西域的。查來查去，覺得僅就配婦的問題拿不下大都護，又羅織了私通匈奴的罪名，去向尤利多查證。尤利多說班超要私通匈奴，他就不會住在洛陽了。他雖然恨班超，但不能栽贓害別人。朝廷要是拿下班超，西域就熱鬧成一窩螞蜂了。」

嗯？想不到尤利多還挺率直的。這讓班超感到欣慰。尤利多一說話，通匈奴的罪子虛烏有，扯上兜題明眼人一看就知是牽強附會，胡正也不敢再把通竇憲的罪再往班超身上栽，畢竟他多少還有點良知，也確實看出班超在西域的地位，但被升官的慾望驅使，就把祭參陷害了。胡正現在也知道自己作了大孽，罪在不赦，只希望大都護能容他死之前，給朝廷寫一封信，呼籲朝廷改一改監察刺史考核制度，再不要沒事找事，視同僚為敵，年年下拿人指標了。還是以實際考察評價為本，營造一個良好的官場環境為是。

胡正這要求並不過分，甚至有些「人之將死其言也善」的味道，班超當即答應。其他四人卻是心有不甘，說他們只是協助刺史胡正，並無決定權，請求寬大。班超聽了他們每個人的申述理由，聯想才高心氣也高的兄長，就因為跟錯了人，招致免官斷奉，又被小人落井下石，公報私仇，死在洛陽的獄中，心情變得十分複雜。他曾提醒兄長，讓他約束下人，他總不聽，結果禍由此生，實在是不值。罷了，人總是有弱點的，活人不能苛求死人，何況是自己的親人呢！

班超決定要親自去莎車，主持給祭參平反昭雪，讓甘英在都護府值守。到了疏勒，徐幹見師兄氣短，強迫他下馬坐車，自己陪同，整整走了三天，最後一天還摸了天黑。米夏和田慮妻子阿麥替尼沙陪著拏萊母子，已經先期抵達，見了班超，多少有些尷尬，總歸夫妻一場，心裡還是牽掛。看見班超額頭的皺紋又深了一些，身體比以前消瘦，頭髮也花白了，不由得掉下幾滴眼淚，埋怨傭人沒有將前老公照顧好。班超笑說：「有錢難買老來瘦，我這命有半條是老媽子救下的，倒是你，過的怎麼樣，生意可好。」

米夏收住眼淚，臉上翻起紅暈，告之一切都好。這時莎車王且運來到驛館，他身後跟著于闐王廣德，兩位國王對於女婿冤案昭雪的重視，讓班超覺得心裡沉甸甸的。

第二天，穹頂上雖然飄著好幾塊黑雲，但太陽依然熾烈，一絲風都不透，戈壁上熱浪氤氳。埋葬祭參的墓地修葺一新，用松枝柏葉搭成的彩門，在陽光下泛著綠色，一塊黑色大理石墓碑矗立在墳前，上面蓋著一塊紅布。墓前聚集了近千人，除了一百多漢軍代表，大多是莎車的人，有王室親屬，磨坊所在地居民，數量最多的是都尉江瑟帶領的一群軍官和士兵，他們都是和祭參一起打過仗的戰友。胡正和他的四個同夥，低頭跪在墳前，等待著最後的審判。

平反昭雪和祭奠儀式由長史徐幹主持，他宣讀了朝廷給祭參平反昭雪的詔令，又介紹了祭參的生平，接著請班超與兩位國王一起為墓碑揭幕。黑色的墓碑上鐫刻著「漢西域都護府丞祭參將軍之墓」，用金粉塗得非常醒目，立碑者落款是都護府和莎車王府。墓碑揭開後，由羋萊率子女祭酒跪拜，接下來依次是班超與徐幹，莎車國王、于闐國王、田慮與董健、江瑟等相繼祭酒。之後所有人向死者三鞠躬，最後請大都護班超講話。

班超詳細回顧了祭參的功績，讚頌他的智慧，他的英勇，他高尚的人品，和他對西域的貢獻。說著說著，哽咽起來，引起現場一片啜泣之聲。稍事平靜之後，他話鋒一轉說：「祭參沒有死在沙場，反而被朝廷的人陷害，死於冤案，令親者痛仇者快。但冤案是墓前跪著的這幾個人造成的，不是皇上的本意。朝廷下旨昭雪，並把這幾個罪人發配給本都護處置，這也是皇恩浩蕩，聖上英明，及時糾錯，以正視聽。我們應該高興地告慰英靈，冤有頭，債有主，不應該對朝廷有怨氣，特別是高級將領，不能因為出了冤案，就怨天尤人，失去信心。」

班超後面的話，是專門講給田慮、董健他們聽的。他覺得這才是朝廷給祭參平反的主旨，否則，下這麼大的勢，還有什麼意義，反正人死不能復活了。

大都護這一番站位很高的話，感天動地，甚至能夠泣鬼神。這一席話也深深觸動了胡正，他立即帶同夥向祭參墓碑三叩首，徵得班超同意後向死者懺悔，聲淚俱下，說得挺誠懇，讓人心生憐憫。胡正最後請求讓他償命，給他的四個助手一次改錯的機會。這其實也是班超的本意，不殺不好向老部下們交代，殺多了又於心不忍。朝廷把這些人發配到西域，似乎是讓他們出氣，實際上是燙手山芋，最終還是考量他這個都護的肚量。不在他的位子上，難以理解這多重含義。

大都護看看徐幹，徐幹不吭聲；轉視且運和廣德，兩人都偏過頭去；再看董健和田慮，雙雙拿著白光閃閃的馬刀，田慮還故意拿塊磨刀石在利刃上磨蹭，發出「霍——霍」的響聲；而𡟰萊和她的一雙兒女，卻眼巴巴地盯著那五個待殺之人，眼裡滿是恐懼。他突然決定：「將胡正等人帶走！」

「不殺了！為什麼？難道祭參就白死啦？」董健幾乎是竄到老長官面前，兩隻眼睛瞪得老大，像審視怪物一樣盯著，手裡的馬刀依然是白光閃閃，那條空蕩蕩的袖子，不服氣地搖擺著。韓發怕董健情緒失控，傷到長官，立即擋在班超面前，被徐幹擺手叫走了。田慮也很生氣，將磨刀石狠狠摔在地上，馬刀戳地，單膝跪在墓碑前，狼一樣嚎叫了幾聲，意思是祭參不能白死。等人們都走了，就剩下他們幾個人，徐幹才拉了董健一把，說：「天怪熱的，老大的身體剛好，你忍心讓他這麼晒著？」轉身又拽起田慮，勸他冷靜點，老長官這麼決定肯定有他的道理。回頭再看班超，眼圈是紅的，似乎有老淚在眶中打轉。

徐幹沒有問放人的理由，也沒有人敢再問。這事成了董健和田慮心頭一個結，白狐回來後也是大為不解，氣呼呼地說：「都護老了，跟個娘們一樣了。」直到第二年的孟秋，都護府調龜茲、姑墨、疏勒、鄯善、莎車、拘彌、尉頭和烏孫八國七萬大軍，一舉光復尉犁、焉耆和危須的時候，這個問題才不問自解了。

西域剩下的這三個王國，都是「水國」。雖然也是綠洲，但雨多河多湖泊多，春天開凍時道路翻漿，路面就像泡在水裡一樣，仲秋以後多雨多霧，道路十分泥濘，所以攻取的時間，只能選在夏季和孟秋。按照祭參原先制定的計畫，大軍首先智取尉犁，生擒了尉犁王泛，接著就向焉耆出發。焉耆是西域大國之一，當時有四萬多人，七千人的軍隊，王治員渠城，東西三百丈，南北二百五十丈，為西漢中前期建造，完全仿漢長安城的格式，東西南北四條大街的十字有一座鐘樓。城東面是敦薨浦，浩淼無際，西面和南面是發源於高山草甸的開都河，水深流急，北面是一片沼澤，前不久宋希帶了十幾人去探路，不小心陷進去，再沒出來一個。

焉耆王谷盎是個十分狡猾的人，五短身材，扛著一個光頭大腦袋，據說裡面裝的全是計謀。他原與龜茲共進退，尤利多投降時他想繼續觀察，一看尤利多被押送去了洛陽，就斷了降漢的念頭。他曾派使節去蒲類海找於除鞬，於除鞬不知怎麼想的竟然給他派了一個監國侯。可是這個匈奴小王庭是竇憲所立，竇憲死後，他怕漢朝不承認，自己率著人馬逃往北庭，被漢軍給殺了。可笑的是谷盎仍然保護著那個監國侯，自信員渠城被水澤環繞，聯軍極難攻取。他在聽到大兵壓境的報告後，馬上指令部隊拆了河上所有的木橋和葦橋，企圖採用班超在疏勒城餓困大月氏兵的辦法，讓七萬大軍望水興嘆，糧草不支時自然敗興而去。

甘英派人割葦扎筏試渡，結果大都被急流沖向下游，勉強有一兩個過了中間線，又進入對岸弓弩有效射程，筏上士兵盡皆中矢，落水身亡。耽延了兩日，也沒想出好的辦法，各國國王都在，又帶了好幾千高官巨賈來觀摩，就有些急了，紛紛派人來打聽，如何渡河。班超也有些焦慮，夜裡在帳中睡不著，偏偏焉耆的蚊子又多又大，點了好幾把艾草，也燻不走。內急如廁，剛感覺屁股上癢癢，一把拍下去，竟是滿把的血，把他家的！正是屁股癢得難受，甘英帶來胡正和在長安禍害人家閨女的狗剩，說是姑墨軍隊送來的，差點當探子殺了。

胡正和狗剩都是牧民裝扮，上個月跟著宋希來偵查道路，與十幾個人一道陷入沼澤，所有人都死了。倆人因為水性好，在水下憋氣時間長，就在頭要陷進泥淖前，猛吸了一口氣，沉到底後就拚命掙扎前行。胡正的運氣好，無意中抱住了一隻大龜，那龜三遊兩晃，就將他帶到一塊小島邊。小島只有三尺大，距離他剛才滑下去的地方並不遠。他抹一把臉上的泥水，看見不遠處還有一個人在噗通，幾次把頭探出來，便一手拽著小島上一束蘆葦，把身子往裡邊移動，一手使勁夠那個人，費了好多周折，即將筋疲力盡的時候，竟然被對方抓住了手，掙扎到島上，才認出是狗剩。

兩個從法場刀下僥倖苟活的人，當時並沒有想到各自的經歷，當下最要緊的是活命。他們從沼澤裡找到一根尚未腐爛的樹枝，小心翼翼地探路，趕天黑前靠了岸，又困又餓，跌跌撞撞走到半夜，發現一座氈房，討了口吃的。狗剩的塞語已經熟練了，打聽得還是焉耆地盤，怕引起懷疑，就探問去往危須的路。主人很熱情，說往北五十多里，就到了山口，那裡的河水很淺，過去就是危須，往南有官道通焉耆，還給了他們一人一件衣裳，讓他們換下那汙泥斑駁的行頭。

胡正一想，大軍不就是要找通焉耆的路嗎，咱乾脆深入虎穴，探清路線，不死就是大功。於是說通狗剩，這才想起倆人的經歷，一番感嘆，一路乞討，來到焉耆城外，靠幫人捕魚，賺了幾個盤纏。剛想過河返回，發現軍隊拆橋，風傳聯軍打來了。倆人又觀察了兩日，發現河對岸烏央央的聯軍大營，趁夜黑在下游十多里處泅水過來，走了半個多時辰就讓姑墨軍隊給抓住了。

班超大喜，拍了拍兩人的肩膀，表揚他們是好樣的。他想這有文化的就是不一樣，前不久剛接到司徒府的文書，說胡正「論刺史制度改革疏」已經引起重視，朝廷正在著手制定新的辦法。今又見胡進能於死裡逃生後，帶領同伴，積極尋找立功機會，也不枉他當初惜才憐命，頂著部下的埋怨之氣刀下留人。他命甘英立即傳令，留下五千兵力和非作戰人員，天明後佯裝造浮橋，大部隊連夜悄悄出發，由胡正帶路北上東進；升胡正為屯長，升狗剩為隊率。

第三天晌午，焉耆王谷盎帶著一幫官吏沿河巡視，看見對岸割葦扎筏，笑話班超真是徒有虛名，照這樣弄法，漢軍的浮橋造起來，恐怕就就該過年了，那時七萬大軍早都變成餓鬼，哪裡還能渡河作戰！隨行的大小官員一陣大笑，齊聲讚揚大王決策英明。谷盎被人捧著，飄飄欲仙，正準備帶一幫人去敦薨浦釣魚作樂，有人稟報班超大軍在員渠城北二十里紮營，派特使白狐來了。谷盎大驚失色，差點跌坐地上，急忙回府招呼，一時不知該說什麼。

白狐讓兩個助手送上禮物，告訴他：「大都護這次出來，只想安撫，不想打仗，如果你們願意改過從善，臣服漢朝，以前的事情就不要糾結了，請你們前去迎接大軍，從國王到軍侯，人人都會得到朝廷的賞賜。」

谷盎聽了，心下稍安，卻也未敢全信，一面派左侯元孟隨白狐到聯軍大營見班超，一面在城內強化防禦，以應不測。

班超看到焉耆王的代表送來牛酒，面上很高興，給了很多賞賜，並設宴款待，席上給他介紹各國國王認識，讓他自己體會大都護和這麼多國王到了城下，焉耆王不來見面是否合適，還特別問了一下尉犁王泛，是不是這麼個道理。泛雖然點頭稱是，但臉上的笑是裝出來的。

元孟是個四十來歲的聰明人，一眼就能看出來，但他沒有點破，宴會後藉故和班超單獨交談，自我介紹二十年前曾在洛陽學習過一年多，焉耆復叛之後回來，他也曾勸谷盎莫與大漢為敵，但谷盎清楚自己的父親帶人血洗過都護府，殺的人太多，不可能被原諒，所以就綁架了全城的軍民，抗拒大軍，他回去後保證讓谷盎出迎大都護，但有一事相求，希望大軍進城後不要傷及百姓。班超見元孟誠實，心繫百姓，大加讚賞，滿口答應。元孟便回去向谷盎稟報，大都護誠心誠意，尉犁王泛就坐在班超旁邊。谷盎這才放下心來，次日帶了文武官吏出迎。

谷盎到了聯軍大營，映入眼簾的是軍帳橫成列豎成行，前往帥帳的通道兩旁，排列著全副武裝的吏士，一個個抬頭挺胸，表情嚴肅，谷盎突然有點心悸。他硬著頭皮走進大帳，看見大都護盤腿端坐，不怒自威，左右兩邊都有將軍守護。谷盎剛想打一聲招呼，班超扔下一支令箭，兩邊出來幾個勇士，立即將他縛住，後面的官吏也不等進帳，直接在帳外捆綁了。班超大手一揮：「進城！」

七萬大軍浩浩蕩蕩，開到員渠城北門。元孟已經帶人打開城門，報說守城的國相等人，看見大勢已去，慌忙逃走了。

各國軍隊迅速入城，搶占了要塞，控制了軍營。但烏孫小昆莫忘記傳達不許傷害百姓的禁令，他的八千騎兵進城後見兵就殺，見財就搶，見酒就喝，見東西就拿，見女人就奸，頃刻之間，大街小巷雞飛狗跳，高牆低角血流成河。更有甚者，十幾個人為一個漂亮女人而互相殘殺。還真應了一句老話：兵禍甚於匪患。田慮看見有人要放火燒王府，一面差胡正趕緊向班超報告，一面帶人制止，殺了好幾個亡命之徒，這才彈壓下去。班超怕失控的軍隊繼續屠城，一發而不可收拾，立即與各國王商議，重申紀律，讓部隊出城駐紮。

這裡正在安排，元孟跌跌撞撞而來，捶胸頓足說：「城內死了四五千人，其中有一座軍營，讓烏孫騎兵搗毀了。」

班超看了一眼小昆莫，小昆莫也識趣，馬上向元孟道歉，卻輕描淡寫地說：「他的人是尋找前日射殺聯軍的凶手，一時失控，是他約束不嚴，已經處理了統領。」班超便拉過元孟的手，說了許多慰問的話，並在各位國王的見證下，代表朝廷立元孟為新焉耆王，讓他立即宣誓上任，恢復王國行政，然後自行遴選屬官，報都護府任命。

過了一夜，部隊移師危須。危須國小，只有四千來人。據說原住民大都姓危，是春秋時一個楚國商人的後裔。商人販運絲綢到此，發現這一帶湖河遍布，水草豐美，空氣溼潤，魚桑皆宜，頗像家鄉氣候，又加人煙稀少，候鳥雲集，一下子喜歡上了。回頭動員一大家族搬到此處發展，經營農桑漁和商業，逐漸開枝散葉，繁衍壯大，到西漢後期，已在敦薨浦北岸建起一個長一百二十丈、寬九十丈的方城，裡面有商街，有書館，還有繅絲織布印染的作坊。後來匈奴人來了，人們為避禍，紛紛改成塞族打扮，學說塞語，危姓也就消失了，但其長相，黑眼平額小鼻頭，卻是漢人模樣。

聯軍到達，已是傍晚，知情人說危須王害怕被誅，一大早就同夜裡逃來的焉耆國相，帶著官吏和軍隊藏到山裡去了。班超嚴令部隊駐紮城外，只與各國王帶領部分漢軍入城安民。好不容易找來幾個鄉紳，一個個禮貌有加，卻把頭搖得像撥浪鼓。原來危須向來都是外地人當官，不是匈奴人，就是焉耆人，當地人只喜稼魚工商。班超笑說：「這裡是君子之鄉，卻也有些迂腐，只好考慮這裡曾長期歸屬焉耆的歷史，將其併入焉耆了。」次日焉耆王元孟大張旗鼓犒軍，聽說多了一塊地盤，喜出望外，只催著底下人趕緊將五百頭牛、五千隻羊交給聯軍。

班超連收尉犁、焉耆和危須三城，眉眼之間全是笑，就令搭起點兵臺，在敦薨浦邊召開祝捷大會。當地人從來沒見過這麼多軍隊，紛紛跑出來看熱鬧。大都護在排山倒海般的掌聲中，帶領西域九個主要王國的國王，健步登上點兵臺。他回望身後的國王們一眼，有意平靜了一下情緒，嚥下幾口唾沫，等到底下鴉雀無聲，猛然把右手緊握成拳，高高舉過頭頂，用了十足的中氣，喊出了他縱橫二十多年的戰果。

「西域分裂的歷史結束了！天山南北兩條大道暢通了！軍民可以安心過好日子了！」

聽了大都護的話，臺下的將士們彈冠相慶，眼淚和汗水流在一起，擊掌聲和歡呼聲震耳欲聾。驚得一群白鷺拍水而起，遠遠地飛向湖心。臺上的幾位國王也是感慨萬千，讚嘆班超改寫了西域歷史，為大家創造了和諧相處的環境。在接下來的發言中，他們紛紛表示願聽大都護指令，維護國家的統一完整。特別是于闐王廣德和疏勒王成大，深沉地回憶了漢軍入西域以來的不凡經歷，和他們從「絲綢之路」獲得的受益，以及與班超交往的點點滴滴，呼籲大家倍加珍惜。

祝捷大會之後，元孟派人找來幾條大船，請班超、徐幹、甘英等人和各國王，到湖中的小島上小憩。小島不小，方圓三十多丈，離岸約有二里。島上喬木和灌木雜間，很是茂密，綠樹掩映處有一座白色的房子，元孟說是谷蠡的別宮。別宮處所雖然不大，但寢室、廚房、會客間應有盡有，足可容納四五十人過夜。喝酒的時候，班超說：

「以後不打仗了，大家都要向于闐王學習，全力發展經濟，提升生活品質。」

各個國王都贊成班超的提議，於是就在這個島上，簽署了一項協議，議定各國互通有無，互免關稅，互相借鑑，共同發展，後來就稱《敦薨浦協議》。

協議簽署後，元孟安排大家遊湖。敦薨浦顯然比蒲類海還大，北接天山的眾多溪流，以開都河為最，南通尉犁。這一湖珍珠般的淡水，灌溉著沿岸的綠洲，養育著一方百姓。波光瀲灩的水面，一眼望不到邊，白紗一樣的輕霧，隨著雲遮日頭渲染瀰漫，船在水上，彷彿在薄雲中穿行，偶爾可見收網的漁船，遠遠地喊著號子。人在船上，神經鬆弛，心曠神怡，想那大自然的造化，在荒涼的戈壁大漠旁邊，鑲嵌如此浩大的一處湖泊，不得不嘆其神奇。但此刻的班超，顯然沒有各位國王那麼高的興致，他勉強應付一陣，就與甘英坐到艙裡，重新掂量那一卷木簡。

這是劉慳從別宮臥室的櫃子裡發現的，是谷蠡的「功勞簿」，上面詳細記錄了攻沒烏壘城時，焉耆軍官殺害漢軍的人數和官職，其中殺害陳睦的列在第一位，上面也有郭恂的名字。這卷罪惡記錄，看著令人悲痛萬分，也讓人義憤填膺，它也為都護府懲治罪犯，提供了最直接的證據。同時發現的，還有陳睦的西域都護大印。班超迅速決定，在送走各國軍隊後，立即將這些罪大惡極的罪犯揪出來，用他們的人頭，來祭奠十九年前慘死的兩千多亡靈。

幾日之後，班超同徐幹帶著幾百漢軍，經尉犁來到了烏壘城的遺址。印象中的都護府已經蕩然無存，這裡滿眼斷壁殘垣，連一座能住人的房子都沒有了。因為害怕冤鬼，附近的土地也全部撂荒。萋萋的荒草，簇簇的灌木，是烈士的鮮血澆灌的，所以長得翠綠、茂盛，有的齊腰，有的高過人頭。馬蹄下有野兔在竄，草窩裡有野雞在飛，對他們這些不速之客的到來，沒有一點準備。

班超騎馬在遺址內轉了一圈，想找尋他最後一次和郭恂見面的地方，只發現了幾塊白骨，一段綠繡斑斑的劍鞘，和半個沾滿泥土的頭盔。他將這些烈士遺物，與陳睦的都護大印，一起供在甘英從殘牆上清理出的一塊「祭臺」上，下面沒有四牲，沒有供果，但有一溜兒跪著的三十七件特殊祭品。

原焉耆王谷盎和尉犁王泛，是替他們祖先所造之孽還債，其他三十五個，都是血債纍纍的軍官。永平十八年（75）年，就是在這裡，他們帶兵殺完陳睦手下兩千將士後，連沿用上百年的烏壘城也徹底搗毀了。那不知來自何處、又魂歸何方的二千多將士，豈能容許他們繼續逍遙法外？重建的西域都護府，有義務給他們一個交代，一個遲到十九年的祭奠！

儀式由甘英主持，徐幹宣讀了祭文，幾百名將士向遺址三鞠躬。

「開祭！」班超一聲令下，就見獨臂董健和田慮，一人執一把明晃晃的馬刀，噌噌噌……，不大功夫就將那三十七個腦袋削掉了。空曠的原野，只響著班超那雄渾的聲音：「將士們，安息吧！」

封侯

焉耆這地方，有山有水，有米有魚，蔬菜的品種也比較豐富，只要學會防蚊叮，還真是一個養人的好地方。班超因為西域全通，心情放鬆，一舉治癒多年失眠的毛病，開始能一覺睡到天明。他在這裡住了半年，頭不暈了，眼不脹了，嗓子眼清爽了，臉色紅潤，額頭的皺紋也舒展許多。他幫著焉耆王元孟，燒了新官上任的三把火，配齊了王府屬吏，整頓了軍隊，又效法于闐和龜茲的做法，在他的王國裡實行新的法制。沒事的時候，兩人也喜歡品茶論道，就國事家事天下事，充分交換意見。

能抽身的時候，班超也喜歡帶人到處轉轉，了解當地的風土民情，俚語故事。這裡沒有妓院，暗娼很多，卻沒有明顯的標識，都是口口相傳，所以常有尋歡作樂的士兵，誤闖良家。他讓董健嚴格勒令，不得逼良為娼，半年下來，也是相安無事。他最開心的是站在馬路邊，看絡繹不絕的車隊、騾馬隊和駱駝隊。那東來西往的貨物，南腔北調的吆喝，奇服異飾的打扮，常常讓他眉飛色舞，興奮不已。龜茲、焉耆一通，從陽關到疏勒的路線短了六七百里，貨物輸送的數量越來越大。已經當了都護府法曹的胡正，每隔兩天就做一次統計，然後概算出每月的增長率，估計照這個勢頭走下去，天山南路的北道要比南道更熱鬧了。

二月的一天，員渠城還冰天雪地的，班超正在審閱甘英從它干城送來的屯田報告，韓發興沖沖地跑進來，揭開門簾就喊，朝廷派人送詔書來了，大都護趕緊出來接吧！他斜睨一眼說：「這麼大冷天的，你不體恤老夫，也不體恤人家特使麼？」

韓發還是不把門簾放下，執意要他出去接，一個勁兒催他，甚至有點強迫的意味。他罵了一句「臭小子」，起身出門，就被韓發扶著跪下。

特使已到門口，高興地說：「班大人這一跪值千戶，不虧。」

班超一愣，接過卷軸，卻是錦帛質地的制令，還沒看內容就知道是大事。因為漢代皇帝頒發的詔書分為策、制、詔、誡等四種，其中制令是用來公布法規和授予高級官爵的。他虔誠地叩謝皇恩浩蕩，然後將特使延入房子，招呼韓發用心招待，這才展開詔書，一字一句研讀起來。

乙未年臘月十九日，漢和皇帝制曰：往者匈奴獨擅西域，寇盜河西，永平之末，城門晝閉。先帝深愍邊萌嬰羅寇害，乃命將帥擊右地，破白山，臨蒲類，取車師，城郭諸國震懾響應，遂開西域，置都護。而焉耆王舜、舜子忠獨謀悖逆，恃其險隘，覆沒都護，並及吏士。先帝重元元之命，憚兵役之興，故使軍司馬班超安集于闐以西。超遂逾蔥領，迄縣度，出入二十二年，莫不賓從。改立其王，而綏其人。不動中國，不煩戎士，得遠夷之和，同異俗之心，而致天誅，蠲宿恥，以報將士之仇。《司馬法》曰：「賞不逾月，欲人速睹為善之利也。」其封超為定遠侯，邑千戶。

「定遠侯，邑千戶！」班超反覆默唸這六個字，彷彿字字璣珠，字字千鈞，字裡行間閃爍著耀眼的彩虹。他的眼眶一下子就熱了，心也好像要到外面來跳，當著特使和部下的面，硬忍著沒湧出老淚。過了花甲之年後，他把功名利祿這些事情看得淡了，不像以前那樣較真，那樣死腦筋。但班家幾代人封侯的努力，上百年的追求，真正在他手裡實現了，不能不讓人產生告慰先祖的衝動。而自他以後，班家就從世家變成貴族，爵位世代承襲，這份激動，這份欣喜，這份震撼，就不是局外之人所能理解的。

韓發似乎比自己封了侯還高興，出門就把這喜訊傳遍都護借住的焉耆王府。並把從甜水泉接來小住的媳婦和兒子，領過來討彩頭。焉耆王府裡遇上這麼大的好事，誰還能坐得住，班超的房子裡一下子擁滿了賀喜的人。不一會兒，聽到喜訊的董健從大營過來了，也不說話，也不行軍禮，只把眼睛睜得大大的，繞著班超轉了一圈。班超被他盯得很不自在，嘴裡「哎哎哎」地喊著，拿手在他眼前晃，半嗔半責怪：「見了長官不行禮，越來越沒有規矩了！」

董健這才笑呵呵地說：「末將是想瞧一瞧，看一看，當了侯爺的大都護，臉上的褶子裡邊長花沒有，身上的氣味有啥變化，還和昨天一樣不一樣。」

「那你發現什麼了？」韓發在旁邊起鬨。

董健故作深沉，想了想說：「說有什麼，也沒什麼。說沒什麼，好像又有點什麼。只能意會，不能言傳。」

韓發笑道：「那就是沒找著唄！」

逗得滿屋子人都笑了。董健也跟著大笑。笑過了，就把雙腿一收，來個挺立，右手平屈胸前，大聲說：「恭賀老長官，光榮獲封定遠侯，以後就稱『班定遠』了！」

「這還差不多！」班超捋著鬍鬚，瞇起眼睛，小小陶醉一下。

這時董健湊過身來，小聲對班超說道：「這麼大的喜事，你不能一個人偷著樂，弟兄們都得沾點喜氣，我已派人通知田慮了，晚上的慶賀酒是絕對不能免的！」也不待班超表態，又大聲喊叫道：「韓發，碎崽子，趕緊準備夜宵，多多備酒，我們定遠侯要請客！」

韓發喏了一聲，跑出安排去了。班超心裡高興，自然要和弟兄們分享，何況他這定遠侯的爵位，都是弟兄們幫著賺來的，卻故意說：「升達，你這是假傳軍令，在戰場是要殺頭的。」

「行！喝完酒再殺。」董健滿不在乎的話，復又引起一陣大笑。

既然是慶賀封侯，班超就連焉耆王元孟一道請了。遺憾的是徐幹和白狐回了疏勒，甘英在它干城主持工作，人不齊。但是有董健和田慮帶頭鬧騰，氣氛也很熱烈。元孟專門找了幾位美女傳菜斟酒，其中有一位是他的二公主，白淨臉皮，細眉杏眼，笑起來略帶羞澀，似有幾分漢家女孩的矜持。酒意正酣，元孟突然請班超借一步說話，問自己的二閨女配給胡正如何。這位新國王透過一段時間的接觸和觀察，看上胡正這個年輕人了。而胡正自從發配充軍，他以前的妻子改嫁他人，現在正是單身。

這事兒看起來不錯，胡正也三十六七，符合朝廷的配婦條件。班超滿口答應，這事兒就包在他身上。次日散步時，就跟胡正來說。誰知胡正一聽，馬上急赤白臉，「噗通——」一聲給他跪下，說千萬使不得。老都護就有點不高興了，不說這新封的定遠侯身分，也不論都護府老大的官職，就是不殺你，看在你有些才華的份兒上，給你活命機會的恩情，老夫張了嘴，你小子也得掂量掂量吧！多大的膽子啊，竟敢一口回絕！可是等胡正說出原因，他又不生氣了，捋著花白的鬍鬚想了想，拍著胡正的肩膀讓他趕快起來：「男兒膝下有黃金，不能隨便下跪。」

「誰都可以不跪，侯爺您不能不跪！」胡正說。「大都護就是我的再生父母。老人家如不答應，我就不起來。」

急得班超忙說：「我答應還不行嗎？這娃！」

答應是答應了，可是那邊怎麼說呢？夜裡躺在床上，班超把這事情好好思索一遍，覺得還是有可能的。胡正想娶祭參的遺孀羋萊，主要是想贖罪，幫被他害死的祭參盡一份責任，另一方面是他看上了羋萊。他跪在祭參墓地等待被殺的時候，無意間發現了羋萊憐憫的眼神，那眼神裡也有仇恨，但更多的是局促和不忍，是那種讓男人動心，願意為之奮不顧身的善良。這小子，心細著呢！問題是羋萊的心裡能否盛得下他，那一對兒女能否接受他，這還都未知。胡正就如此堅決地自斷後路，不能不說是很真誠。有了自己與米夏的教訓，他還真為胡正捏了一把汗，覺得這孩子雖然走過彎路，畢竟是書香門第出身，有良心，有擔當，還有一股子擰勁兒。

過了一個多月，朝廷派來屯田的戊己校尉，向大都護報到，同時帶來給都護府補充的兵員。班超根據甘英的建議，令戊校尉屯駐在尉犁（今庫爾勒），將己校尉安置在柳中（今鄯善），各領兵五百，一面迅速恢復原來的屯田，一面保護商道安全。隨後他來到兵營，發現董健正坐在校場的閱兵臺上，大腿翹著二腿，讓底下人拿著花名冊挑兵，就黑下臉罵道：「你個吃挑食的，蘿蔔白菜你挑，核桃大棗你挑，這兵員你把好的全部挑走，讓本都護給田慮怎麼說？」

董健嘻嘻哈哈，忙把椅子騰出來，恭恭敬敬地請長官坐下，這才說：「這批兵員都是從西涼各營抽調的，不是徵召的新兵，末將並沒有太挑，只是把條件相近的骨幹捋出來，分成兩半，一半留下，一半送給田慮。」

「說這還差不多。」班超才把拉下的黑臉展開。他隨後檢閱部隊，沒在隊伍裡盯見霍續，就問董健，「是不是把霍續寵著當公子哥養了？」

「那不能。」董健說：「棍棒出孝子，嚴格練精兵。我可不寵他，讓他幫著焉耆新兵練騎射去了。這小子當個小屯長，人緣比我這乾爹還好，是個好苗子。」

董健這話，讓班超聽了受用，就跟他交底：「本都護要回龜茲了，你於三月底領兵去危須，與駐紮在那裡的田慮聯手。務必在春夏之交，剿滅逃進深山的原危須王須置黎。」

危須王須置黎落腳的地方是他的夏宮，一處天然牧場，現稱巴音布魯克草原。那裡是一條五百多里的深溝，時寬時窄，寬處有二百多里，窄處還不到百丈。溝的一頭連著焉耆，一頭連著烏孫，是南北兩條河的發源地，流到天山以南的叫開都河，流到天山以北的最後進入伊列水。溝裡溪流婉轉，溪邊牧草茂盛，還有一個小湖，牧人稱之為天鵝湖。深溝兩面是延綿的大山，寬處略微平緩，窄處又高又陡，很多地方像刀削的一樣，直上直下。山頂的積雪常年不化，六月飛雪更是稀鬆平常。田慮曾經在去年暮秋發動過一次進攻，但因山裡的冬天來得特別早，溝裡邊早已是冰天雪地，將士們還沒來得及換季，只在外圍消滅了極少零散兵卒，因為受不了徹骨的寒冷，無功而返了。

班超要走，焉耆王元孟有些戀戀不捨。在歡送的筵席上，他又提出能否將胡正留給他，做個法律顧問。班超作為過來人，知道元孟聽說胡正要娶祭參遺孀的想法後，更加欣賞胡正，醉翁之意不在酒。胡正一旦留下，肯定抵不上他家二公主的攻勢。那時挐萊就是多麼願意，怕也沒機會了。於是他說：「胡正有文化，精法律，都護府也離不開，那邊還有一大攤子事情等著他呢。」

焉耆王好一番遺憾，一連喝了好幾杯。班超正不知如何開解，韓發來報說：「稟大都護，外面來了幾個羌人，要找田校尉，已經安排在會客室了。」

這幾個羌人，一個個都是皮膚黝黑，長髮蒙著半個黑臉，個頭高大，手裡提著馬鞭，腰上彎著短刀。他們是從于闐一路打聽過來的，只要見田慮，別的什麼話都不說。班超聞著他們身上一股酸臭味兒，估計多日不曾好好盥洗了，就讓韓發領到驛館，先安頓下來，再作打算。韓發剛走，胡正說：「我尋思了一番，搞不清那些羌人是尋親還是尋仇，這個時候戰役在即，不太適合安排他們去見田慮。」

班超想想也對，就讓胡正到驛館去，請他們吃飯，想辦法弄清這些人的身分和意圖。

到了晚上，胡正回來，說出的事情嚇出了班超一身冷汗。其實這些羌人是請田慮回西羌當首領的，當了首領帶他們與別的部落爭地盤，也順便對付護羌校尉任尚。據說前幾年鄧訓當護羌校尉，恩威並用，深得人心，把西羌一帶治理得平安穩定，好多年沒聽說過有哪個種姓叛亂。鄧訓乃光武帝的功臣高密侯鄧禹之子，此前一直任護烏桓校尉，頗有政聲。鄧訓離開後，烏桓又不穩定了，朝廷將鄧訓回撥烏桓，派了一個任尚來護羌。

任尚曾在竇憲軍中做司馬，因為揭發竇憲結黨營私有功，躲過一劫，此番被派護羌，看著羌地四平八穩，太平官很難搞出些政績，就派人四處搧風，挑撥各羌種內鬥。當諸羌打得不可開交的時候，他又上疏朝廷，發兵「平亂」，結果越平越亂，越亂越平，各羌種都看清了任尚的目的，便聯手對付任尚，本來沒有的叛亂真的有了。羌人在聯合抗擊護羌校尉的同時，內部的矛盾始終不能平息，相互間的爭奪也是無休無止。田慮原先所在羌種這次吃了大虧，幾個頭人都被殺了。種人早都得知田慮在西域為將，就想請他回去，重振旗鼓。

這不是無中生有嘛！班超的氣簡直不打一處來，起身時連面前的茶几都推倒了。作為地方大員，黔首父母，怎麼能人為製造矛盾，用百姓的性命鮮血染自己的功勞簿呢？胡正趕緊上前，扶起茶几，怯怯地看了長官一眼。班超讓他有話直說，不用藏著掖著。

胡正也就義正詞嚴，說：「這主要是地方官個人品格的問題，為了一己私利，不管百姓死活，在天高皇帝遠的地方，人為地製造動亂。地方一亂，皇帝著急，下令平亂，製造混亂的地方官左右逢源，朝廷要拿錢給他平亂，平了亂還要給他封賞，這都是拿國家社稷當兒戲，替皇帝在播種仇恨呢！這樣的邊疆大吏多了，國家怎麼可能安寧，地方怎麼能甘心歸服？」

班超欣賞地點點頭，示意胡正坐下說。胡正不坐，繼續發表他的意見：「另一方面也是朝廷的官員考核制度使然，除了皇親國戚，一般邊疆大吏想升到近侍的位置，就得靠政績，靠皇帝的賞識。你那裡搞得越太平，老百姓越是安居樂業，越沒有什麼事情需要朝廷幫你解決，你在朝廷就沒有知名度，甚至沒有存在感。皇帝的事情那麼多，哪能想起你呢？而你那裡出了亂子，你平了，天下大亂達到天下大治，你就是有功之臣，朝廷花了血本，皇上就記住了你。你那裡要是經常有點小事情，你不斷解決，朝廷還覺得是窮山惡水出刁民，你治理有方，即使不調進京城，也可能就地加官進爵了。」

胡正的話很尖銳，直擊問題要害，他擔心衝撞到班超，想要解釋一下。班超擺擺手，叫他但說無妨。這位早過了耳順之年的老將軍，一直忙於收復西域，還真沒像胡正這樣，深刻地思考過官場的問題。他只知道收拾亂局很難，治理太平盛世更難。向來安內攘外，全仗人才，一旦誤用，未有不立時敗壞的！令他糾結的是，任尚在西羌生事造孽，固然可惡，但人家與他同為邊臣，他無權管，也不能管，這是官場的規矩。可是既然知道了西羌百姓的苦難，不能伸手相幫，又讓他於心不忍，難於釋懷。至於田慮，他是都護府的軍官，是朝廷的人，肯定不能回西羌去，也不能在這個時候拿家鄉的事情讓他分心，到底該怎麼辦呢？

看見班超撓頭，胡正自告奮勇攬下這團亂麻。「大都護，寧老人家只需批上一些路費就行了，下官有意把這幫人打發去金城，讓他們找金城太守反映問題，保證不扯上西域的麻煩，也不讓他們見田校尉。」

班超頷首，覺得把這個球踢到金城太守處，不失為一個好辦法。因為護羌校尉雖然官職比金城太守低半級，但人家持節，有權調動他的部隊，他就有資格插手這件事情了。胡正這小子還真是腦子快，虧得當初刀下留人！

諸事安排停當，班超就帶著幕僚回到它干城。府丞甘英見胡正要在他手下做事，不免有些彆扭，還是胡正主動與他親近，相見一笑泯恩仇。到了四月，俱毗羅的部落王烏麥，與關內商人合開的礦場開張，請大都護與龜茲王賞臉剪綵。這是龜茲第一個與外部合作的項目，意義不一般，班超愉快地答應了。到了山裡，只見到處彩旗飄飄，山水含笑，人人臉上掛著喜悅，一人多高的坑道口，搭著長長的紅布。身著豔麗盛裝的女孩子，往他面前一跪，雙手託著盤子，舉過頭頂，盤子中間擱有一把剪刀。

這陣勢還是第一次見，大都護一時有點手足無措，等到司儀提醒，大家鼓起掌聲，這才拿起剪刀，與龜茲王一起，把那塊布子剪成三段，心想好好一塊大布，可惜了，這不是暴殄天物麼！放下剪刀，回頭一看，米夏站在面前，看樣子比以前豐腴一些，鼻尖上沁有汗珠，一身高貴得體的打扮，一臉的成熟與自信，把以前的單純蛻得一乾二淨，一出場差點閃瞎他的眼睛，讓他十分驚訝。

烏麥隆重地介紹米夏是投資商，是個大老闆，整個疏勒、莎車、于闐市場上的鹽巴、鐵器、綢布和糧食，有一大半是他們家的生意。這次是一個朋友牽的線，她與關內老闆各占三成股權。韓發趕緊扯了扯烏麥的袖子，上去和米夏打招呼。米夏倒是不卑不亢，向班超施了禮，又向白霸施禮打招呼。她說：「我的錢投到龜茲，就是看好龜茲的發展，請龜茲王以後多多關照。」

白霸這才搞清楚，眼前的女人就是大都護的前夫人，她就是米夏，米夏就是她！在洛陽時曾經聽說過，但無緣相見，今天遇到，果然不凡。他掃了班超一眼，見這老兄也沒有多不自在，就笑嘻嘻地說：「米夏公主顛覆了女人的傳統形象，不但走出了家門，而且把生意做到了龜茲，令本王非常佩服。可是關內的老闆是本王的朋友，你們怎麼走到一起的？」

烏麥有些尷尬，他只接觸過米夏的三哥，他也不知道大老闆是誰，冷不丁來個漂亮女人，他也不知道水有多深。米夏替他回答說：「龜茲王的朋友也是我大哥的朋友，大家因為投資走到一起的。烏麥老闆這裡有資源缺錢，我們兩家有錢缺機會，就合作了。」

「眾人拾柴火焰高，一個好漢三個幫，你們就好好合作，依法納稅，共同發財吧！」班超已經回過神來，拍拍烏麥的肩膀以示鼓勵。他看見白霸那位關內朋友，滿臉和善，一直陪著笑臉，就與他寒暄幾句，問了尊姓大名，何方人氏，藉故有事，打道回府了。他不是不願意與白霸一起留下吃飯，也不覺得與米夏見個面就有多難堪，只是有一個問題沒想明白：這才幾年，米夏怎麼賺了那麼多錢？

風乍起，攪動一池春水。自從班超這次與米夏偶遇，他的心就無法平靜了。他只聽說米夏現在是大老闆了，生意很大，但不知道她是如何一點一點做起來的。自己年輕時也做過好長時間的生意，但那是小生意，與其說是生意還不如說是賣藝，勞心費力，慘淡經營，有點累積不易。正是因為知道做生意不易，他當時才那麼狠地處理吉迪，不讓漢軍與她有生意上的連繫，既是不想她借關係營私，給自己造成名譽損害，也是想讓她知難而退，消消停停做個女人，免得偷雞不成蝕把米，受了累還虧了本錢，被人恥笑。底下的人有所顧忌，從不在他面前提說米夏，更不說她的生意。現在看來，自己只不過玩了一出掩耳盜鈴的把戲而已。

閉塞視聽，其實是一種消極的行為，就像一個看破紅塵的人，削髮為僧，以圖眼不見心不亂。但見與不見，事情都在那裡擺著；聽與不聽，人們都在背後議論。世界天天在變，人也天天在變，唯一不變的是人珍藏在心底的那份情感。班超雖然與米夏分道揚鑣了，也接受了她與白狐在一起的事實，但覺得她仍然是班家的人。他心裡是想知道她，知道她的生活，知道她的苦樂，知道她的一切。甚至當他看到米夏比過去更有魅力了，竟然有一種莫名的激動。他曾不止一次地問自己：都滿一個花甲了，難道還殘留一縷春心？

有一天，甘英似乎輕描淡寫地說：「龜茲王準備去姑墨，與姑墨王一起去烏孫，想就羊毛換稻米的貿易，簽署長期合作協議。南邊的稻米運到烏孫，由烏孫往康居、大宛販賣，烏孫將收購的羊毛、皮貨，換給龜茲姑墨，由這邊加工後銷往關內。過去這類生意都是小打小鬧，稅源流失嚴重，現在由王府出面定下框架，交由一些實力雄厚的商家來做，稅源就能穩定下來。龜茲王想請大都護一起去，做個見證，只擔心老長官身體能否經得起長途顛簸。」

班超一想：三方合作，這是好事呀，樹立模範給西域其他地方呢，怎能以身體為由躲得遠遠的！況且從焉耆回來後，身體一直很好。他就覺得甘英是故意將他，以為他七老八十，連路都走不動了。甘英苦笑一聲，安排去了。

三地合作談得很愉快，不幾天就簽署了協議。烏孫小昆莫好客，請幾位貴賓參觀了赤谷城，去了好幾個部落，充分領略了烏孫草原的廣袤和寧靜。班超覺得出來一趟不易，乾脆帶著幾位國王，順道視察了東、西且彌，車師前、後國，參謁了耿恭英勇抗匈的金蒲城和疏勒城，特意到蒲類海，品嘗了黃薔夫魚莊的清燉鮮魚，又到柳中屯田校尉處，邀請幾位國王體驗了一次插秧的工作。歷時一個多月，最後經焉耆回來。這次出去，了解到很多情況，也長了不少見識。班超的心情不錯，一回來就讓甘英召集將領開會，他急於了解危須的戰況。路過員渠城的時候聽焉耆王元孟說，漢軍早已剿滅了危須王，班師回去了。

一會兒人都到了會議室，一個個強顏歡笑，問長問短。班超也沒大在意，一一和大家打招呼。可是盯了半天，沒見到田慮。田慮呢？他問甘英，甘英不語。轉又問董健，董健的眼圈唰——地一下就紅了。作為一個打了二十多年仗的老將軍，班超什麼都明白了，只覺得心頭一陣陣絞痛，痛到了頭，又痛到了腳。他一手捂著胸口，一手指著董健的鼻子罵道：「仗是怎麼打的？就六七百殘敵，就把田慮兄弟撂那兒了，你這兄長是怎麼當的？」他的心緒壞到極點，也沒有耐心聽誰說什麼，把手邊的白瓷茶杯摔了個粉碎，氣忿忿地離開了。

甘英只好宣布散會，獨留董健商量對策。甘英勸慰董健，不要在意老長官剛才發脾氣。董健苦笑說：「他要不罵人，我心裡更難受，誰還會在乎這個！」

次日上午，倆人一起請老長官給田慮上墳。班超一夜未眠，反覆地看了戰役報告，認為仗打得好，打得巧。敵人是固守不降，幸虧田慮所部從另一條山溝運動到敵後方，攀爬到山頂，突然降到溝底，發起進攻。驚慌之敵往溝前跑，就與董健所部相衝，兩部前後夾攻，將敵人壓縮在較小的空間，大半天解決戰役，殲敵危須王以下六百八十多人，無一漏網，繳獲馬牛羊兩萬七千多，自損兵九十，傷一百四。田慮是在殺危須王的時候，被一個受傷躺在地上的敵兵，近距離射中的，箭直接從喉部射進去，說了幾句話就嚥氣了……天明了，班超也就接受現實了。他也急於和田慮過過心思，就讓倆老戰友跟著，不要其他人陪。到了墳地，卻見胡正和韓發已經擺好香案和祭品。恭恭敬敬行過祭禮，三人坐在墳前喝酒，擺上四個杯子。上次從焉耆回來後，喝茶喝酒都改用瓷杯了。三人喝一巡，給田慮墳前灑一杯。喝過三巡，班超長嘆一聲說：「真捨不下一起來西域的弟兄，三十六員戰將，三十六隻猛虎，一個個棄我而去，這又走掉一個，就剩你們倆，再加一個白狐，一個幫著和恭屯田的劉慳。我這定遠侯的爵位，是你們這些弟兄幫我賺來的。升達老弟，你說沒有弟兄們跟我一起分享，那就跟世襲的衛侯一樣，還有啥滋味！」

「老哥哥，老天不公啊！」董健獨自飲了一杯，復又斟上，道：「霍延和田慮都有兒有女有家庭，不該死，就我是個『騾子』，絕戶頭，把我死了多好！為什麼老天就跟幸福的人過不去，難道也像朝廷那些混日子的佞臣一樣，見不得別人好？」

「升達老弟，你這話我不愛聽。」班超也飲下一杯。「誰都不要死，著急死了做什麼去！做兄長的我比你們大十來歲，還活著，你們有啥資格說死？」

甘英也喝下一杯，透露大都護外出烏孫是他一手安排的。老長官要是覺得受了騙，請隨便處置他。

其實，危須戰役之後，董健及時率部凱旋，事先派人送來消息。甘英一聽田慮遇難，壓著沒有告訴任何人。他清楚祭參的事已經讓班超大病一場，這次看見田慮的遺體再傷心過度，說不定會引發老病，那就麻煩了。所以他就主動與龜茲王白霸聯繫，求他把去烏孫的日子提前，又通知董健在路上多磨蹭兩天，等班超離開了再回來，然後派人去疏勒接來徐幹、白狐和田慮家人，由徐幹主持給田慮送的行。

一陣沉默，班超突然問：「田慮臨死前說了什麼沒有？」

董健給田慮祭上一杯，然後自己又喝下一杯。「田慮讓末將告訴老兄，兒女的事兒，今年趕緊辦了，他女兒只比班勇小一歲，都等到十七了。要是老長官覺得田家門戶低……」

「你給我打住！我老班家就做不出這等事！」班超雙眉一揚，鄭重地祭一杯給田慮。「老弟只管放心，我們這親家是十七年前就定下的。兩個孩子青梅竹馬，豈是說改能改的？老夫一定讓倆孩子年內成親。我們這些人，命都是一起拉扯出來的，難道福就不能同享！」

一直在旁邊默不作聲的胡正，聽了幾位長官的話，沒有一句官腔，沒有一句虛情，也沒有任何的嬌柔做作，全是掏心窩的實話、白話，都是他以前在紛繁複雜、勾心鬥角的官場聞所未聞的，感到這些人心裡都裝著別人，遇事先設身處地為別人著想，已經脫離了「人不為己、天誅地滅」的俗界，進入了道祖老子「無我」的境地，深受感動。聯想自己三進西域的戲劇化故事，自忖被命運拋到這遙遠的地方，遇上這麼一些風高節亮的長官，無疑是他三生的幸運，前世修來的福氣。他覺得在這些人面前，任何的隱瞞都是不該的，甚至卑鄙的，於是就斟上一杯酒，跪在香案前說：「在焉耆的時候，為了打發那幾個西羌人，我曾騙他們說田校尉死了。那些人不信，說在疏勒的時候還聽說活著，我就說前幾天剛戰死的。不料一語成讖，他非常後悔……」

「你呀，就不能說點別的？」董健有點埋怨，但並不信這個。人在江湖跑，哪能不挨刀！他對胡正已經沒有惡感了，還支持班超對他的提拔使用。他想情急之下，不這麼說顯然是瞞不過那些羌人的，他們特別死腦筋，就跟田慮一樣。

「趕緊起來！以後把腿挺直點。本都護最看不起動不動就下跪的人。你胡正到了我的麾下，就要有我這裡的做派。敬人，不媚人！」

班超招呼胡正起來，當著面告訴甘英和董健：「胡正這娃心眼兒不錯，想娶犂萊，你們應該知道這是啥意思，都得幫忙！」

「啊？！這……」甘英和董健都感到吃驚，不約而同地打量了胡正一陣。董健突然想起，霍續看上了祭參家姑娘，託自己提親，那他就從胡正這裡提了！羞得胡正滿臉脹紅，一時不知如何應對了。墳地提親，世所罕事。不過人類之生生不息，就是有人被送走，有人被接來，這也沒什麼好忌諱。奇怪的是這些事情不久都成了，也是天助。中秋之前，班超和董健等人趕到疏勒，給他們一個個辦了婚禮。班勇在太學的學業還沒結束，帶著嵐兒回關內了。犂萊準備和兒子跟胡正到它干城，留下女兒和霍續在盤槖城單過。

米夏這人的大氣，這次表現得淋漓盡致，她不但一手操辦了兒子的婚事，給了他不少錢，讓他回家後在洛陽買房子，還給另兩家各送了一份大禮。她和月兒姑娘也處得很好，月兒在班勇成親前後，這邊幫忙，那邊傳話，稱得上是個好姐姐。

諸事完備，班超準備回龜茲。新兼任駐疏勒漢軍校尉的徐幹出面，為老師兄餞行，請了升任正副屯田校尉的和恭、劉慳，與班超同行的董健、甘英，還有白狐、米夏，師兄的親家母田盧遺孀阿麥替尼沙，以及疏勒王成大和月兒一起作陪。趁著大家高興，米夏對田盧阿麥替尼沙說：「你兒子和疏勒王家的公主已經定親，明年成了親，就剩你一個人了，還不如與徐長史搬到一起，倆人搭個伴，也不在乎什麼名分不名分了，那都是身外之物。」

兩個當事人都沒有思想準備，被米夏這猛一提，還真沒法表態，就笑她亂點鴛鴦譜。正熱鬧著，一個二十來歲的小夥子過來，急慌慌把米夏叫走了。

米夏這次攤上了大事。由於她們家族在鹹水湖開鹽場，把周邊同行收購的收購，擠垮的擠垮，就剩下一家老鹽商與他抗衡，在械鬥時還被她家打敗了。對方傷了好幾個人，告到有司，米夏出面擺平，雙方達成了賠償協議。但老鹽商是最早開鹽場的，拿了錢卻嚥不下氣，一直想找機會報復。

當地人的店鋪都是吃罷朝食陸續卸門板，到了晡食就上門板，關了門就謝客，夥計拿的是固定月例，祖祖輩輩都是這習慣，生意做得懶懶散散。米夏的生意統一使用「米」字商號，疏勒城無人不知米家。她家店鋪除了捨零惠賓，給夥計有提成，僱傭的夥計一大半都是來自關內的漢人，這些人笑臉迎客，開門早，關門晚，夜間有急客也營業，自然是吸引了大批的客戶，搶了同行的生意。那些人早都不高興了，想著找碴，只是沒有人挑頭。

老鹽商瞌睡遇到枕頭，主動當了這個頭，隔三差五尋釁滋事，有時買了米回頭說短斤少兩，有時不給錢說給了。這些賴帳小伎倆被一一識破後，老鹽商就改了策略，叫他兒子糾集一幫人，一到晡食時間就堵了他們店鋪的門，害得他們生意做不成。更有甚者，夜裡往他們店鋪的門板上潑灑大便，這是臭人生意的惡行，江湖都很忌諱。米夏兄妹氣得直咬牙，白狐勸他們忍了。

老鹽商的兒子一計不成，再生一計，夜裡帶了幾十人來燒米夏的綢布莊總店。綢布店是米夏壓錢最多的，有十幾個家丁守護。家丁與對方打成一團，眼看居於下風，趕緊給老闆報信。米夏與三哥調來全部家丁增援，迅速控制局面，但名叫郜煦的漢族店掌櫃失手，一棒將對方一個撲騰得厲害的打死了，事情突然逆轉，有理變成了無理。

郜煦被抓進監獄。米夏當即找人交保，並請廷尉府出面調解。老鹽商提出分一半鹽場，一半糧食生意，毫無商量餘地。米夏兄妹覺得是獅子大張口，漫天要價，沒法同意，就是花多少錢打官司，也要奉陪，反正是對方尋釁滋事在先，郜煦最多就是防衛過當，過失殺人。沒想到老鹽商家來橫的，抬著屍體到大街上游行，到王府門前情願。厄普圖為了讓死者入土為安，承諾給郜煦判死刑，讓廷尉府又把交保的郜煦收監了。

一聽郜煦又被收監，米夏心就亂了，哪裡還有心情喝酒，立即回家，與三哥騎馬去王府交涉。輔國侯厄普圖面有難色，告訴他們：「老鹽商的兒子不是個善類，到處散布米夏有王府和都護府的背景，受到官府包庇。現在處於敏感時期，王府明明知道事出有因，也沒人敢出面替她說話；為了盡快平息事態，只能犧牲郜煦了。」

「那可是一條活生生的人命啊，怎麼能如此草率？人家小夥子才二十來歲，媳婦還懷著娃娃呢！」米夏分辨道。

厄普圖聳聳肩膀，搖搖頭說：「誰讓他攤上這事呢！多給郜家一些錢好了。你們還是要顧全大局，不要為難國王。」

從王府出來後，米夏越想越不對勁。老鹽商一鬧，王府就慫，這還有沒有法律，有沒有天理？她讓三哥去找疏勒最好的辯師，花多少錢都要救郜煦的命。自己趕緊回家，與白狐商量對策。白狐也剛剛回來，與董健、甘英幾個過命的兄弟在一起，喝得有點多，半醉半醒地說：「成大要敢胡來，我擰下他的耳朵！」

米夏給他吃了一個大水梨，又用涼水給他擦臉。白狐清醒一些，擰身就走，說他去找徐幹和甘英。

徐幹喝完酒與班超徹夜長談，白狐不好打擾。甘英出主意讓找死者家屬，多給賠償，多說好話，本來就是雙方打鬥過程失手，只要家屬出面，主動原諒，事情或有轉機。次日天一亮，米夏就安排幾路人出去，打聽死者家庭情況，好不容易打聽城邊一個小村子，米夏親自帶著錢和禮品上門，卻是大門緊閉。鄰居說這家只有一個老太太，兒子死後就被人接走了，好多日沒有回家。再順著線索了解，人在老鹽商手裡，要見可以，老鹽商要拿走他們家全部鹽場和一半糧食生意，要價又漲了，純粹就是無賴。

米夏覺得與老鹽商協商這條路走不通，只能寄希望於辯師了。三哥請的這位辯師在疏勒知名度最高，辦法也多。升堂審判這天，組織了一百多人去旁聽，絕大部分不是米家的夥計。防衛過當和死者犯死罪在先的辯詞不被採納，廷尉宣布判處郜煦死刑後，辯師立即抗議這是未判之前事先就定好的死刑，是強姦法律，判決根本不公，示意旁聽者一起抗議，攪得公堂亂了套。

廷尉派兵驅趕，辯師乾脆帶頭上街遊行，呼喊要維護法律的正義，要公平，還告誡居民捍衛法律莊嚴，此冤案一興，將來人人自危。人都是從眾的，喜歡熱鬧的，又是大辯師領頭，遊行隊伍便越聚越長，到了王府門口，已有四五百人。厄普圖只好讓廷尉暫緩執行，同時根據米夏家的指控，抓了對方一個帶頭往門板上潑大便的人。

這邊的葫蘆暫時按下去，那邊的瓢又浮起。老鹽商埋了人，似乎不與米夏作對了，但兩天之後的傍晚，街上又出現幾百人的遊行隊伍，突然把矛頭指向關內來的漢人，指責漢人不睡覺不講究吃喝不玩耍，就知道拚命幹活做生意，干擾了當地人的生活習慣，搶了當地人的飯碗，還打死了當地人，高呼口號讓漢人滾回關內去。遊行隊伍所過之處，只要是漢人的鋪子沒有打烊，衝進去就搶，不管糧食、瓷器、馬掌、皮靴，還是布匹、成衣、髮飾、梳子篦子或者竹器，搶了這家搶那家。店主當然反抗，由於勢單力孤，不少都被打傷了。等到軍隊出動，那些人早作鳥獸散了。

無辜受損的漢人嚥不下這口窩囊氣，紛紛跑到王府討說法。漢人千里迢迢，來西域靠勤勞和汗水賺錢，給地方交稅，不但得不到保護，還成了罪人。王府出來一個分管民間事務的右侯，答應調查，卻又說：「你們都賺了錢，就當破財消災。」這話就是沒腦子，火上澆油，但反映了官員的一種心態，見不得別人過好日子。

商家們很不滿意，回頭也上街請願遊行，並與老鹽商兒子的遊行隊伍發生衝突，雙方棍棒相對，打成一鍋亂粥。當王府派兵干預時，已經死了十幾人，傷了一大片。廷尉只是現場抓了一些人，驅散隊伍，並未及時化解矛盾。第二天雙方都抬上屍體遊行，人群很快分成兩派，事態發酵，無限擴大，很快發展成尖銳的族群矛盾。

一夜之間，疏勒城治安惡化，漢人經營的生意家家關門，戶戶罷市。大街上蕭條冷寞，居民的生活受到很大影響。友好相處多年的鄰居，早上開門連招呼也不打了，更有暴徒專門襲擊單行的漢人。卮普圖等人外出歸來時，親眼看見一群暴徒在光天化日之下，對一家漢族父女施暴，將人殺死還不算，竟然把屍體倒插進吐曼河邊的淤泥裡，甚至將一根七八尺長的木棍，插進女孩的陰戶。其慘無人道的程度，令人髮指。他當即下令抓捕罪犯，並將幾個抗拒執法的暴徒當場格殺，這才彈壓下來。

老百姓的感情是很脆弱的，經不起多少暴風驟雨，特別當他們的生命安全受到威脅的時候。關內來的漢人普遍覺得居住在危險之地，隨時都會有殺身之禍，而且是秀才遇上兵，有理說不清。他們什麼都不計較了，紛紛將資產便宜賣給當地朋友，捲起鋪蓋，準備回家。

卮普圖覺得事態太大，控制不了局面，這才稟報國王。成大自那天歡送班超的宴會後，一直忙於準備到關內去晉謁皇帝，參觀學習，王府的日常事務都交輔國侯處理。沒料想卮普圖忠厚有餘，果斷不足，缺乏危機處置意識，底下的人又辦事不力，以致小矛盾變成大事件，引發社會劇烈的動亂。

成大將卮普圖臭罵一頓，趕緊頒布宵禁令，又下令坎墾派軍隊日夜巡邏，先控制事態發展，然後召集相關官吏，安排抓捕人犯，懲治犯罪，安葬死者，撫慰受傷害的群眾，平息事態，恢復商事等工作。如此這般一部署，就叫上卮普圖，上馬趕路，往盤橐城求救去了。

安定

疏勒王成大來到盤槖城，發現長史府多了很多人，看裝束像是教書先生和醫生，有的圍在門口的拴馬樁旁，有的聚在葡萄架下，議論局勢，商量去留，見了他像見了瘟神，紛紛住嘴，還有人背過臉去。他主動過去打招呼，卻像用竹竿捅了馬蜂窩，你一言，他一語，全都是責難與埋怨，說疏勒城亂成了馬蜂窩，燒殺掠搶，暴徒肆虐，疏勒王是不是也不敢在王宮住，跑到長史府避難來了？成大又羞又愧，急忙解釋，不想班超與徐幹已經聞聲出來，趕緊跟到會議室。「大都護，你得幫我邁這道檻兒。這漢人一走，疏勒城一夜回到了十年前！」

班超請成大先喝點茶，壓壓驚。作為西域大都護，他這次回疏勒，一方面是調整工作，給徐幹委以重任，畢竟自己年歲不小了，需要考慮接班人；另一方面是主持一攬子婚禮，這也是軍營的大事，安家有利於安心。這些事安頓好，他本來就走，徐幹的歡送酒都喝了，但當夜和徐幹就烏即城再開一塊屯田基地的事，聊得深沉，臨時改主意多待幾天，沒想到遭遇了動亂。

從第一次聽白狐說死人，班超就讓徐幹嚴密關注，及時掌握情況，並於前兩天採取了措施，下令利用長史府和蘆草湖基地收容臨時避難的關內漢人，派兵保護學館、醫館、驛站、漢軍採供辦和重要商業設施等。他認為這次動亂事態嚴重，性質惡劣，疏勒王府在應對處理過程，有很多失誤，甚至失策，沒有將人禍消滅在萌芽狀態，導致災火燒大，最後失控。究其原因，是現在不打仗了，過上了和平日子，官吏逐漸懶惰了，拿老百姓的事情不當事，政事不勤。事情出了，又敷衍塞責，就事論事，企圖大事化小，小事化了，不挖根源，這是要命的！他正準備派人往王府聯繫成大，商討應對危機的措施，成大來了。

班超不想過分責備疏勒王，畢竟是第一次遇到這種事，誰都沒經驗。大量漢人的移民遷入，改變了疏勒城的運轉節奏，豐富了當地人的生活。漢人全部撤走的結果，疏勒城很可能是回到二十多年前的兜題時代，而不僅僅是回到十年前。他稱讚成大的思路是清晰的，部署是正確的，西域都護府會全力支持他。但他覺得成大的分析還不到位，事件詭異突變，從開始的商業矛盾急轉成族群矛盾，那個老鹽商父子很可能只是個表面人物，族群對立不該是他的目的，他的身後很可能還有黑手在控制，這個黑手肯定是個唯恐天下不亂的反動分子。他建議成大暫時不要去洛陽了，這件事沒有那麼快善後。

會後，倆人和徐幹一起坐到葡萄架下，與暫避在這裡的教師醫生座談。這兩日已有三十多名教師和醫生來長史府請求庇護，還有上百人跑到蘆草湖暫避。先生們埋怨當初長史府請他們來，現在被人趕著走，這疏勒人變臉也太快了，用得著就笑臉相迎，用不著就棒打刀砍。他們活命要緊，傷透心了，無論如何不在這要命的地方待了。成大說了很多安慰話，拿國王的名譽擔保，勸他們留下來。那些傳播知識和救死扶傷的人，只相信事實重於雄辯，對成大並沒有信心。班超說：「你們這些人是當年長史府請來的，來去自由，現在都護府將拿出一筆盤纏，護送你們盡快離開。」

成大還想堅持，班超擺擺手，讓他別白費口舌了。在長史府用了晡食，從千人改任司馬的杜平找了幾套便衣，給大家換上，又叫了衛士，就跟上大都護，徒步到街上微服私訪去了。大街上一改往日的熙攘，冷清得難得見到幾個行人，所有的店鋪都上了門板，凡是掛有「米」字招牌的，還都多掛一個「關門歇業」的牌子。白狐費了好大勁敲開米家綢布莊的門。

米夏的三哥一肚子委屈。貨被搶光了，關內的夥計全走了，二哥和米夏也被廷尉府抓走了，廷尉府非說那天街上死人與他們有關。剩下一些當地夥計也只能輪流值班看店，生意沒法做了。成大問：「怎麼能這樣呢？」

老三說：「明明是暴徒來搶貨，我們防衛一下也有罪，難不成恭恭敬敬站在門口，笑臉相迎，『歡迎各位強盜光臨』不成？」

這可是個看似簡單卻極難回答的問題。疏勒王沒法回答，質問厄普圖為何連米夏公主也抓了。厄普圖表示他也不清楚，廷尉府那幫人總是寧肯多抓一百，不能漏掉一個，回頭查查看。班超擺擺手，示意他們不要干預人家辦案。白狐前面沒回家，剛知道米夏被抓，一看班超這態度，就不高興了。質問道：「她一個女人家能上街殺人嗎？」

徐幹扯了扯白狐的袖子，示意他不要說了，米夏被抓，誰心裡能好受呢！

一行人離開鋪子，往前走了一程，遇見一隊巡邏的士兵。厄普圖給帶隊的打了招呼，讓他們遠遠跟著。又走了一段，發現與剛才的冷清形成對比的，是在一個背街小巷，有幾十個人排在一戶人家門口，隊形歪歪扭扭，有的坐著小馬紮，有的直接坐在地上，交頭接耳，哀嘆好好的日子突然變得艱難，真是災禍難料。後面還陸續有人來，隊伍越續越長。

厄普圖上前打問，一位鬍子花白的老人悄悄告訴他：「米家商號關門了，全城沒鹽巴賣。聽人說這家有私貨，昨兒傍晚賣了幾十斤，價格是米家的三倍。也不知今兒能有多少貨，能不能輪到，家裡一粒鹽巴都沒有了，沒鹽的日子怎麼過？」

正在這時，那扇黑乎乎的小門開了。一個三十來歲的男人衝外面喊道：「一共只有二十斤，一人只給半斤，價格再漲三成。四十名後面的就不要排隊了，咱家也不是做生意的，今兒賣完就完了。」

不做生意的賣鹽巴，一定是私鹽黑市。從秦以來，鹽鐵向來都是國家控制的商品，也是政府的一大稅收來源，所以有專門的銷售管道，不許私售。成大要去看看，厄普圖向遠處揮了揮手，那一隊士兵就衝上來，控制了主人。進得院子，發現的確有半袋鹽巴，麻袋上面有米家的標識。厄普圖亮明身分，主人已經嚇得打哆嗦，只好老實交代是搶來的，昨兒賣的是自己搶的，今兒賣的是親戚搶的。

「大膽刁民，搶人東西竟敢高價倒賣，還想不想活了！」疏勒王怒斥道。他的面子上很是掛不住了，當著眾人踢了主人一腳。主人已經嚇癱地上，哀求饒命。成大再問他：「知不知道有多少人參與搶劫？」

答說：「多了，一開搶，左鄰右舍的人都跑去了，拿了是白拿，不拿白不拿！」

成大覺得主人也算老實，經審問並非慣盜，就令其帶上鄰居，沿街傳達他的通令，三天內將所搶之物全部送回，否則嚴加懲處。

那主人磕頭謝恩，爬起來就跑。厄普圖拎起鹽巴袋子，讓士兵分送外面排隊的人，每人給一點。轉而又向成大報告：「鹽場在米夏家族手裡，那裡僱傭的基本都是漢人，當地人現在懶得做那重活。這些漢人一走，鹽巴晒不出來，也運不出來，就是其他的零售商，也是沒貨。全城進入沒鹽吃的狀態，這日子不能長啊！」

成大探詢地看了班超一眼，老都護視而不見，只說再去別處轉轉。重回大街，很快就看見一群人敲著梆子，喊叫著交還搶劫貨物，三日為限，不少居民都出來觀看。夜色逐漸襲來，街上毫無生氣。一行人來到漢軍採供辦，營業廳的門板也上得整整齊齊。班超誇讚吉迪會管理，門臉收拾得乾乾淨淨。門口有漢軍臨時哨位，說吉迪還在裡邊。

班超一見吉迪，就問他能否抽一些人和車從米家鹽場運鹽，批發給零售商，先解決應急問題，待米夏的案情查清，再作計較。吉迪往奶茶裡加了一點鹽巴，給大家一一倒上，頓了頓才說：「應急沒問題，就憑我和米夏三哥的關係，裡外的忙都是該幫的。但這不是長久之計。疏勒城的糧食全控制在他們家，就是各鎮各村的存糧點，那也是幫他們代存，都交了錢的，只拿牌子調運。米家商號不開張，我們長史府過半個月就揭不開鍋了，就是王府的供應，也一樣會斷頓。」

吉迪不愧是做採購供應的，市場供應管道門兒清。他懷疑廷尉府有毛病，抓米夏公主是為什麼，她一個女人家能打還是能殺？但她是米字商號的主心骨，總攬全域性，有她在，就有辦法。她那三個哥哥，老大在洛陽管採購和分銷，老二管銷售管道，包括莎車、于闐的分號，老三主管鹽場和運輸，別的也不在行。只有米夏公主出來，他們家的生意才能轉起來，他們家生意活了，疏勒城的商業就活了。

米夏有這麼大的能耐？她能控制疏勒城的吃喝拉撒？班超有點懷疑地看著吉迪，吉迪又給他續上一些奶茶，繼續說道：「國王管著疏勒人的腦袋，米夏管著疏勒人的嘴巴，這是家喻戶曉的。她家與別人競爭，也不使那些下三濫的手段，就是人不一樣，從關內招來的夥計，熱情，禮貌，精心，殷勤周到，童叟無欺，開門早，打烊晚，幹活有竅道，出工作，遇上老人還給送貨到家，一點點做的口碑。他們家做大了，價格倒下來了，像我們採供辦，光糧食和鹽巴兩項，一年就省長史府一個月的開銷，要麼以前老長官撤了我，我也不能不和他們家做生意。好多商家寧願被他們收編，同樣還是那個店，不用操心了，錢還比過去賺得多。所以，提起米夏大老闆，從疏勒到于闐，沒有人不蹺大拇指的。」

一口奶茶沒喝好，班超嗆了嗓子，咳嗽好一陣，笑了。吉迪忙拿一塊方糖，給老長官潤嗓子。他像是問成大，又像是自語地說：「關內的漢族人得罪誰了，要攆人家？這些年陸續來疏勒的漢人，有一千五六百。他們有的是先生，有的是醫生，有的是木匠、鐵匠、皮匠、縫紉匠、鞋匠、織工等各種匠工，有的是大大小小的生意人，還有的是開地種田的農民。這些人沒日沒夜地辛苦，一方面賺錢，另一方面也在當地收徒弟，傳手藝，教我們這裡的人學技術，教我們賺錢，給我們樹立講規矩、每天按時做事的榜樣，都是本本分分的好人。他們的到來改變了疏勒的面貌，連街上的顏色都好看了。」

吉迪有許多漢族朋友，有的也沒有業務往來。他的大兒子跟當地師傅學徒三年，兩天做一雙皮靴，樣子還不好看。跟漢族師傅學了一年，一天做兩雙，活多得做不完，還把老闆丫頭娶到家來了。他家二丫頭子，找了個做衣服的漢族小老闆，倆人開一個夫妻店，經常孝敬他，給他買酒喝。這個從鼓手成長為軍需官的中年漢子表示：年輕人日子過得好好的，絕不能給他們拆散。不管誰攆漢人，他都不願意他們離開，而且他們村的人都不會幹傷天害理的事。他家這幾天還住著幾十個避難的漢族朋友，他不信那些鬧事的人，靠擠兌別人過日子能夠長久。

透過與吉迪交流，不光班超和徐幹受了觸動，就是成大和厄普圖，也是感觸很深。成大笑問班超：「能不能把你這幹將給我當個右偏侯，專管民間事務去？」

不等班超說話，吉迪忙擺手婉謝。「我這輩子跟了大都護，就是被下放去餵馬那段時間，都沒想離開，哪裡都不去了！不過國王要是下手快，漢人大多還沒走，還能留下一些的。」

成大聽吉迪這麼說，更覺得吉迪有心，人品不錯，硬要大都護讓給他。班超考慮有這麼個人幫成大，對工作有利，就拍拍吉迪的肩膀，動員他先做一段時間，想回來再回來，長史府的大門對他一直敞開。徐幹開成大的玩笑：「大都護今兒虧大了，管了你飯，管了你茶，最後連我們的軍需官也讓王府挖走了！」

其實班超不虧，吉迪發動親戚勸親戚，朋友勸朋友，幾天就為疏勒挽留下八百多關內的移民，占到總移民量的一半以上，無論對都護府，還是對疏勒王府，其意義都是重大的。吉迪人很實在，他帶人出面，一個個落實，將漢人原先賤賣的財產原價贖回，由王府給予對方一些補貼，這樣皆大歡喜。加上被搶貨物有一部分被送回來，一些作坊店鋪的商業活動得以恢復。但尉平人們心中的創傷，卻沒有贖回財產那麼簡單。

成大令廷尉對米夏取保候審，以期恢復疏勒城的商業活動。商業不活，整個社會便死氣沉沉。但厄普圖拿著他的命令去，又拿著他的命令回來了，同時帶回老鹽商兒子和米夏雙方的口供，說是米夏給老鹽商錢，讓老鹽商兒子把針對自己家族的遊行改成針對漢人。成大直接將這兩份口供扔到地上。「簡直是荒唐！米夏深受漢文化的影響，為了漢族老公與自己的父親都分裂了，怎麼可能反漢？」

厄普圖也覺得牛頭不對馬嘴。米夏的生意是從關內學來的，是漢人幫她支撐的，她與關內的貨物貿易也是量最大的，怎麼會有這種可能呢？可是她本人簽了字畫了押，他也親往牢房會見了米夏，廷尉並未對米夏用刑。

這就難辦了，煽動族群矛盾這可是大罪，而且死了不少人，不能輕饒。成大準備親自審問老鹽商和米夏，但到了廷尉府，卻突然接報，米夏早上吃了家裡送來的飯，中毒了，已經讓白狐背回家搶救。同時又緝捕了米夏的三哥，飯是他送的。成大覺得案件越來越撲朔迷離，而且越來越不可思議。米夏剛有口供，就有人要將其殺死，而且嫁禍老三，將兄弟兩個都關在監獄，這明擺著是要將米夏兄妹趕盡殺絕嘛。看來老都護確實目光犀利，他早就預料到案件的背後存在黑手。想到這裡，成大以國王的名義擔保老三不會下毒，令將其釋放，就是米夏的二哥，也要廷尉採取嚴密措施，保證其人身安全，再出問題，拿廷尉是問。

氣呼呼的成大讓老三帶著他去看米夏，其時班超和徐幹已經來了，米夏的兩位嫂子和阿麥替尼沙也在場。米夏雙目緊閉，呼吸微弱，像死人一樣躺在炕上。白狐說有人在飯裡放了劇毒，幸虧他從牢房拿回飯碗，認出了毒物，給她服了解藥。現在人雖昏迷，命估計可以保住，可惜嗓子徹底壞了。成大斷定這件案子是有人操縱，米夏兄妹是無辜的。班超點點頭，建議他強化力量，加緊審理，早日還人還事清白，並派胡正協助查案。

過了一夜，米夏醒了，身體虛弱，有氣無力，勉強喝了一點奶，有話說不出，急得光流淚。白狐怕他接受不了現實，安慰她什麼都不要說，過一段時間就好了。這時家丁來報：「廷尉帶人衝進來了，擋不住。」話音未落，就見廷尉帶來四個獄卒，到炕邊勘驗。發現米夏沒死，就要帶走，說只要人活著就得回牢房。

白狐一聽，火冒三丈。「一個風風火火的女人在牢裡被折磨成了殘廢，命懸一線，你這個廷尉是怎麼管的，說不定就是罪魁禍首！老子是忙著救人，沒時間找你算帳，你他媽還催命催到家裡來了，今天你休想把人帶走！我問你，那毒藥當地不出，只有烏孫、康居、大宛才有，別人是從哪裡弄來的？」

廷尉看見白狐發怒的樣子，有幾分怯場，卻仍然擺出一副公事公辦的架勢，也不理會白狐的問題，只要強行拿人。白狐也是下了硬茬，只要他在，人就休想帶走！廷尉讓士兵出刀，逼白狐後退。白狐哪裡害怕這個，冷笑一聲，挺身面對，四個獄卒只是後退。白狐忽覺背後一股冷風，迅速往前面幾把刀的縫隙一閃，廷尉的刀就戳到對面一個獄卒心口。由於用力過猛，獄卒當場斃命。廷尉一愣，旋即嫁禍白狐，栽贜他抗拒執法，罪在不赦。

白狐心想：老子連刀都沒拿，如何殺人？你這不就是紅口白牙說屁話，整個一個無賴麼？他更加懷疑這個人與下毒有關，否則在嚴密看管的監獄，誰能把毒藥放到米夏的碗裡。再一看廷尉已經紅了眼，強行栽贜，非要強抓自己，渾身的血都衝到腦門上，猛然半蹲身子，一個掃腿，掃倒兩個獄卒，順勢撿起死獄卒掉落的長刀，就與廷尉對打起來。

那三個獄卒哪裡見過這個陣勢，紛紛退到門口，卻被聞訊趕來的幾個家丁控制。廷尉也是文官出身，會兩下刀劍，畢竟沒有打過仗，還想在白狐面前班門弄斧，不幾下，就被白狐砍斷一隻手臂，回手抹了脖子。這時胡正趕來，一把奪下白狐手中滴血的刀，大聲嘆息：「我的譯侯白大人，你闖大禍了！」

這個禍是闖得不小，王府裡議論紛紛，說長史府的高官蔑視王法，殺死廷尉，這以後還如何執法！成大感到壓力山大，急忙找班超和徐幹商議平息事態的辦法。班超很理智。白狐抗法，殺人償命，他已經安排法曹關押了，這沒什麼好說的。他強調：「長史府住在疏勒，就要遵循疏勒的法規，任何人都不能例外。王子犯法，與民同罪。白狐是軍人，自有軍法處置。」

成大說：「都護大人，本王不是這個意思。我認為白狐功勳卓著，是大都護身邊響噹噹的人物，與我私交也不錯，能否想個萬全之策，既平息了事態，又赦免了白譯長。」

班超一連嘆了好幾口氣。「難道本都護不想搧白狐兩個耳光拉倒？可是這件事性質太惡劣，影響太大，又處在眼前的風口浪尖上，無法赦免。」

處死白狐的消息傳出後，長史府像炸了鍋。班超首先面對的，是與他一起滯留的董健的嚴正抗議，說到難聽處，竟然說他是學漢高祖誅殺功臣，讓連他一起殺了，他去陪白狐。屯田校尉和恭帶著一幫軍官來求情，疏勒都尉坎墾也帶著一幫軍官來求情，還有王府的左右譯長，左右侯，就連月兒和田慮遺孀阿麥替尼沙，也請他饒了白狐。劉慳病得快死了，也讓人用車推來說：「都護老兄，我就剩最後幾口氣了，過了今日沒明日。你叫人把我一殺，裝個棺材拉出去就說是白狐，讓他遠走高飛吧……」

徐幹已經頂不住壓力了，悄悄問班超：「能否先壓一壓，待風頭過後冷處理？」

人們不理解，實際上最難受的是班超自己。白狐是他從匈奴那裡挖來的人才，二十多年來同生死共命運，從一個江湖浪人，成長為都護府的高級官吏，有時候簡直就是他肚子裡的蛔蟲，一個眼神，一個動作，就能完全理解他的意圖，而且獨立做成了許多別人無法完成的大事，也與他和大夥建立了兄弟般的情誼。白狐的能力和優點是獨特的，別人無法相比的，雖然他和其他優秀的人一樣，也有許多毛病。

從感情上講，班超是捨不得白狐的，尤其是當初他帶出了的三十六員勇士，就剩白狐和甘英、董健三個加劉慳半個了。這些人的悲歡離合，緊緊牽動著他的神經，這些人的離去，更是刺他的心，挖他的肉。但是為了大局，為了維護大漢朝廷和都護府的形象，他不得不忍痛割愛，殺白狐謝西域，以儆效尤。越是到這種時候，越需要冷靜，這就是為官和做百姓的不同。

夜幕降臨的時候，班超讓韓發拎了一罈酒和一些牛肉，來到關押白狐的房子，卻發現董健已經與白狐喝了半壇，乾脆坐下同飲，也算一起給白狐送行。天之涯，海之角，知交半零落。一瓢濁酒盡餘歡，今宵別夢寒。誰知董健並不願意見他，轉身走了，給了他一個大難堪。

白狐說：「老董直率至真，嫉惡如仇，不要和他一般見識。」

「我不怪他。我怪自己。我身為都護，不能保護自己的兄弟，為兄弟網開一面，實在是沒有臉面！」班超突然淚流滿面，使勁捶著胸脯。反倒是白狐勸他想開點，誰在他的位子上，也會這麼做的。白狐自己不後悔，沒什麼遺憾。班超百感交集，無以言表，突然想請白狐上城牆，陪他在城牆上走最後一圈。

趕上朔日，天黑穹低。城牆內外，烏濛濛一片，星星點點的燈火，忽閃忽明。涼絲絲的夜風一吹，班超微醉的酒立即醒了，只聽黑乎乎的河邊仍舊有女人在嬉戲蕩笑，仍舊在吟唱《西域的月兒》，有一句沒一句的，把一部完整的韻律撕裂得支離破碎。她們哪裡知道城牆頂上，一對即將訣別的戰友，心中是什麼樣的離愁別緒。走到城門樓的時候，班超憶起當年即將餓死的時候，與弟兄們爬到城牆上，準備集體殉國的情景，彷佛就在昨天。他想與白狐在這個地方再坐一坐，重溫一番當年的那份情感。

兩個人肩並肩坐下，班超慢慢閉上了眼睛。他感覺很疲憊，渾身上下都不得勁。遙想當年困守到最後，絕大多數人都吃不下板土了，身體弱得只剩下最後一口氣，只有白狐等幾個人還能堅持。但白狐沒有拋下大家，自己去逃生，而是選擇了與大家一起等援軍，死等！那也是一個黑夜，僅僅是白狐留了一床被子，還給他這個長官蓋在身上。這份感情，他覺得無論在陰間還是陽間，他們都不會分開的。於是，他用十分低沉的聲音說：「對不住了，白兄弟，那邊冷，你多穿點，老哥我很快就會來找你的！」

班超的話是由衷的，他已經六十三歲，比孝章皇帝兩輩子都活得長了，沒有什麼想不通的。白狐非常理解這位長官的難處，他在被胡正奪了刀子的時候，就已經預知了結局，想想自己一個連父母在哪裡都不知道的狐狸崽，經歷了那麼多事情，交了那麼多朋友，這輩子也不算虧。想想霍延、祭參、田慮等過命的兄弟，他覺得自己比他們活得長，也比他們更充分地享受了生活。不過，他還有兩個請求：一個是班超善待米夏，她太不幸了；另一個是自行了斷，給他點尊嚴。班超拍拍白狐的肩膀，不忍面對，起身走了。白狐似乎心滿意足的樣子，突然站立起來，黑暗中給班超行了個軍禮，轉身哼著小調，逕自下去了。他就是這麼個人，死也是快樂的！

行刑的地方，就在長史府門外的廣場，用木板搭了一個小臺子。暮秋的陽光，非常刺眼。護城河兩岸，胡楊被晒得捲了葉子，柳梢頭垂得更低了。廣場上站了很多人，有兵有民，有長史府的官員，也有疏勒王府的官吏，許多人的頭都是低著的，像那些柳樹一樣。行刑的儀程由徐幹主持，宣布白狐違反軍紀，軍法處斬，許其自斷。班超沒有露面，董健不忍相看。病重的劉慳因為悲憤交加，一口氣沒捯上來，死了。就連和恭也說身體不適請了假。當兩個士兵將白狐送到行刑臺，並將一把明晃晃的匕首交給他的時候，人們的心一下子提到了嗓子眼，有的張大了嘴巴，有的搖頭嘆息，還有的傷心流淚。

白狐穿著厚厚的棉袍，顯然是預備在那個世界防寒保暖的。他面帶微笑，沒有一絲的恐懼，仰頭看天，眼睛被陽光刺得瞇了起來。他將匕首夾在兩個指頭間，飛也似轉了幾個圈，只見寒光閃處，冷風嗖嗖，就像耍把戲一樣。玩了一把，他又將匕首舉過頭頂，默默敬了一下，掏出一塊乾淨的白布，拭了拭上面的灰塵。這是他在烏孫學的規矩，走要走得乾淨。然後他反手握刀，再次舉起，猛地用力刺向自己的心窩，卻被一聲尖叫打擾了。

「等一等！」

衝上來的是怡紅院的鴇子，她一手拎著酒罈，一手拿著一個大花瓷碗，請求為白狐敬上最後一碗酒。徐幹不忍相看，擺手讓她自便。鴇子倒了滿滿一碗酒，雙手捧著，恭恭敬敬地送到白狐手裡，流著淚說話，感謝白狐多年的幫助，末了又問：借錢給米夏的利息，一直在她那裡放著，她該分給誰？

白狐接過這馨香四溢的酒碗，舉過頭頂，謝過鴇子的情義，感謝她曾給予自己的溫存，感謝她在漢軍最困難的時候，冒著生命危險提供的幫助。至於錢，白狐說：「人都沒有了，要錢幹什麼，或者留下自用，或者救危扶難。實在沒地方用，送給韓發去，他現在接替吉迪給漢軍辦採供。」

鴇子含淚惜別，一步一哭號，三步一回頭。白狐揮手告別，一臉滿不在乎，彷彿他只是要去出一趟遠門。當他重新舉起匕首，準備結束生命的時候，又一個女人出現了。

米夏頭頂白色的紗巾，穿一襲潔白的布拉吉，上面套著黑底繡紅花的小馬甲，手裡捧著一塊紅布和一束黃色的菊花，從人群中緩緩走出來，走上臺子。她略顯憔悴的臉上抹了淡淡的胭脂與腮紅，黑眉下的大眼與白狐深情地對視了一陣，然後把菊花放在面前，將白狐手中的匕首也同菊花放在一起，將紅布給白狐披上。白狐明白：米夏是想和自己舉辦一個婚禮。這個事情說過好長時間了，一直沒找到合適的機會。前不久班勇結婚，也不能與兒子湊在一起，可是現在自己要走了，就沒有這種必要了吧！

米夏不管白狐如何說，只是搖頭。她雖然失語了，但心裡是明白的。她知道白狐是為了自己，殺死了廷尉，觸犯了軍紀。她更清楚，白狐用心對她，並不只是男女之間那點體膚之親，他把自己當親人，當女神，當不可分離的伴侶，總以能幫自己做點什麼而欣慰。她也在與班超分手後，喜歡上了這個頗識風情的男人，喜歡他的幽默風趣，他的博聞廣見，他不失童真的殷勤。他們倆人在一起總有說不完的話，道不完的樂趣，以至於相見恨晚，憾未留下一子半女。她到現在都沒明白，自己怎麼就捲入一場動亂，而且被害成啞巴，但她明白自己將近四十年的生命裡，有這麼一個男人，別無所求，足夠了！她實在不忍與他分離，一定要與他同赴天國，繼續享受他們的二人世界。

米夏是做了充分的準備的，她要白狐隨她，拜天，拜地，拜那束菊花，那是兩個中年人相愛的象徵。拜完了，她又衝白狐一笑，倆人拉開距離，夫妻對拜。白狐沒奈何與她做完這一串動作，讓她趕快離開。她還是不肯，俯身撿起匕首，在自己心口比劃一下，又在白狐心口比劃一下。白狐明白了，米夏是要陪他死，與他一起死，心中急了，一把奪下匕首，說道：「我是犯法作死，妳來陪著做啥？世間的風景還多，妳才見過多少……」

米夏突然眼睛瞪得老大，面色冷峻，一眨不眨地盯著白狐，眼裡滿是恨恨的光，讓穿著棉袍的白狐不寒而慄。就在他打冷顫的功夫，米夏從馬甲裡掏出一把短刀，飛快地扎在自己心窩上，忍著劇痛，依偎在白狐身上。白狐的眼裡湧出一串淚水，心靈受到極大的衝擊，遇上這麼一個好女人，生生死死要在一起的，此生何求！他向天大叫一聲，也將匕首插進自己心窩，兩人緊緊抱在一起，最後對視著，慢慢地倒了下去……前國王的女兒、人們如雷貫耳的大老闆米夏的出現，令所有在場的人都擦亮了眼睛。徐幹沒想到事情會弄成這樣，等看出點蛛絲馬跡的時候，為時已晚，無法採取措施了，硬著頭皮彙報給班超，心懷忐忑。班超半天沒說話，低頭流淚，最後發話以校尉之禮厚葬白狐，讓米夏的兩個兄長，以公主之禮安葬米夏，這團亂麻就算理出個頭緒。

過了幾日，胡正稟報說：「我與新廷尉一併查清了，被白狐殺死的廷尉就是這場動亂的幕後黑手，所有的壞事都是他策劃的，包括給米夏製作假口供，讓女囚在米夏熟睡時摁手印，最後給飯裡下毒等。這個人原與番辰過從甚密，番辰的幾個內弟逃到康居後，一直與之有聯繫，也給其提供經費，讓其伺機生事，把疏勒搞亂。」

「為什麼現在才說？」班超不等胡正彙報細節，就把茶杯往桌子上一挫，連蓋子都碎了。鋒利的瓷片劃破了手指，血乎乎一把，也不讓胡正包紮，就跑去找徐幹，捶胸頓足，後悔沒聽徐幹的建議，倉促殺了白狐，捎帶上米夏，現在後悔無及，他懷疑自己老糊塗了。徐幹知道師兄處置白狐比殺自己還難受，也就不能再埋怨，只揀寬心的話來勸慰。可是班超無論如何都寬心不了，等到王府召開萬人公審大會，將廷尉家族和一系列犯罪分子該殺的殺，該關的關，該訓誡釋放的訓誡釋放，一時人心大快，紛紛拍手相慶，他還是深深自責，痛不欲生。

當然，經歷過痛苦抉擇的大都護，已經不僅僅是狹隘地反思處置白狐的失當，他認為這場動亂所造成的後遺症，不是殺了廷尉等一幫暴亂製造者就能痊癒的。夫妻之間可以床頭吵架床尾和，朋友之間可以一笑泯恩仇，但族群之間的裂痕，表面上彌合了，心裡時隱時現，這才是需要特別重視的大問題。那位善於思考的「最後一個漢軍」，生前也沒考慮到這個層面。

與他同樣憂慮的還有疏勒王。他聽吉迪彙報，「現在的漢族朋友與當地人見了面也打招呼，也開玩笑，甚至也參加相互的慶典大事，但一到晚上，就將自己封閉在小圈子裡，也不到當地人多的地方去，彷彿那些地方的暗處都藏有刺刀，在你一轉身間就會從後心刺進來。當地人到漢族人家裡去串門，也說上幾句就沒話說了。看樣子不把離開的那些人找回來，恢復原來的生活模樣，恐怕陰影常在，留下來的人也不會安心。」

成大覺得問題不容小覷，又來找班超，帶著月兒，也帶著月兒四歲的安兒和半歲大的兒子。小兒子很像成大，嘴角也有一顆痣。小姑娘一看就是個美人胚子，跟她母親長得一模一樣，一對水靈靈的大眼會說話似的，與班超好像有一種天然的親近。見了姥爺房子裡的東西啥都新鮮，問這問那，咯咯咯地笑，一會兒要老人抱她，一會兒親老人的臉，一會兒又調皮地拽他的鬍子。

班超十分稀罕小安兒，心疼他，對她有一種特殊的感情，摸她的小腦袋，揪她的小辮子，回答她一個個稚氣的問題，聽她唱母親教的那首《西域的月兒》。小美人那天真的表情，稚嫩的童音，讓他這個半路出家的外公，笑得嘴都合不攏，眼裡卻湧出了淚水。

懷抱小兒的月兒，趕緊遮上面巾，轉身制止孩子，讓她別唱了，把姥爺都唱傷心了。班超拭去老淚，讓月兒別擋娃，讓娃唱，他愛聽！這是他在西域聽過的第一首歌，也是他最喜歡的一首歌。

這首歌見證了他縱橫西域的歲月，旋律裡充滿了故事，瀚海、河水，城牆，田野，蘆葦叢，榆勒、米夏，兜題、霍延、李充……他都不敢細想，一晃多少年，多少人，多少事，都從他身邊過去了。逝者如斯夫！當後人再唱這首歌的時候，不知還會演繹多少悲歡離合，酸甜苦辣！

小丫頭看著姥爺擦眼淚，怯怯地鑽到成大懷裡，叫了一聲「父王」。成大安慰他說：「姥爺那是高興，他喜歡你！」丫頭不解地看著班超，又小手羞姥爺高興還流眼淚，她高興的時候就笑。說著，又咯咯咯地笑了起來。這一笑把班超也逗樂了，他當著月兒的面對成大說：「你這疏勒王，國事家事都攬到一起了，看著兩個小外孫這麼招人喜歡的份上，本都護答應，幫你把走掉的人找回來，不敢說全部，起碼大部分。當地人的工作還得你做，人家來幫你們豐富生活，豐富市場的，要歡迎。要讓各個族群真正熱絡起來，還得用真情，就像小丫頭唱這歌兒，挺真，能唱出老夫的淚來。」

班超能誇這海口，自然有他的把握。在暴風驟雨襲來的時候，人們不想被淋，找地方躲避，屬於很正常的行為，不能因為風雨之後是彩虹，便硬加阻攔。而且以他的經驗，有時候癰疽要到熟了膿才好割挖，有些事情要等它發展到一定程度才好解決。他想漢人被一小撮壞人驅趕、恐嚇甚至傷害，有委屈，有怨恨，有鬱氣，都屬於正常反應，他們要回內地也可以理解。但他分析這些人大都可以留下來，關鍵是看疏勒的局勢穩定下來。所以他事先派人告訴廣德和高子陵，一定要想辦法把這些人截住，留住。

于闐王的高級顧問高子陵分析疏勒這場風波，雖然只是個別現象，但涉事敏感，只要有一點不小心，就可能蔓延到于闐，蔓延到別的地方。于闐的繁榮靠啥？一靠人，二靠技術。人走了，技術走了，產能走了，消費走了，財富就走了。廣德也覺得事關重大，幫疏勒就是幫于闐。於是安排有司將那些人都攔下，由王府出資，將他們安排在學館、醫館、各種鋪子作坊和屯田的農家。讓「米」字商號在于闐的分號也吸納一些人，請移民們三思而後行，或留在于闐，或回到疏勒，就是實在要回關內，也賺點盤纏，過了年再走。

這就給班超留下伏筆，使他有機會在平息動亂之後，在疏勒的工作卓有成效後，於永元七年（95）冬月趕到于闐，做了很多調查研究。藉著臘月底六十三歲生日之際，在于闐王府的院子裡，擺了上百張桌子，舉起酒杯，同移民說心理話。他認為這些人在疏勒多年，累積了一定財產，如房子，設備，工具，存貨等等，情急之下，倉促離開，以一成兩成的價格賤賣，等於這些年白幹了；再者不少人已經習慣了那裡的生活，孩子也是在那裡生的，還有的與當地人結了親，交了不少朋友，總之有千絲萬縷的聯繫，這麼走了，於心不忍；再者內地人多地少，經濟相對發達，競爭也很激烈，西域相對落後，地廣人稀，只要有能力，政府鼓勵使勁墾荒，綠洲農業又少旱澇之慮，各種工匠也比在內地吃香。只要有能力，不愁賺不到錢。

班超這一席話，一石激起千層浪，眾人紛紛議論起來。有的思考，有的嘆息，有的哭泣。班超自與廣德、高子陵對飲，容老百姓商量討論。後來，藉著敬酒的機會，有的問房子、店鋪院子還能否原價贖回，有的問處理的貨物能否原價回購，還有的問能否保證當地人不再鬧事打漢人。班超說：「房子、店鋪和大宗貨物都沒問題，差價由王府和都護府補償。至於被不明真相的居民搶走的物品，王府已經收集，交回來的可能沒有原來多，想必大家是可以理解的。但鬧不鬧事取決於兩個方面，一是紮緊籬笆，防止敵人挑事破壞，二是忘記這次不愉快，還像以前那樣對待當地人，大家以心換心，牙齒還咬嘴唇呢，不能因此而拔掉牙齒吧！長史府的一個軍需官，是當地人，他在動亂的時候，家裡保護了幾十個漢人，這樣的人在疏勒絕不僅他一個吧！」

也不知是大都護的真誠感動了眾人，還是移民們確實割捨不下已有的生活，寒冬聚王府，杯酒勸歸人，竟然大獲成功。這些人只有十幾個鐵心要回老家，還有幾十個小手藝人與于闐的老闆熟悉了，想留在于闐，有將近七百人經過十多天的考慮，過了正月十五，就跟著班超回疏勒去了。

王道

永元八年（96）上元節剛過，疏勒城外還是白雪皚皚，人一張嘴，呵出一團團的白氣！可是城裡的大街小巷都披紅掛綵，穿著節日的盛裝，到處是暖暖的春意，與城外的寒冷形成鮮明的對比。

疏勒王府和長史府共同出面，組織了近萬軍民，敲鑼打鼓，在路口排成五里的兩條長龍，歡迎班超勸回來的移民。成大和徐幹站在隊伍的最前面，一見班超就幫他披上大紅布。在他們身後的官民吏兵，也給隨後而到的移民，一個個披上大紅。這些人有的套了車，有的騎著馬，好多都是移民的老鄰居，老朋友，老同事，大家擊掌相見，相擁而泣，就像久別的親人。

在歡迎的人群中，有一個五十多歲的老婦人，特別惹人注目。她是那種富態的體型，懷裡抱著一個襁褓中的嬰兒，為了嬰兒不受凍，她連頭巾都扯下來，圍在襁褓外面，顯得有些臃腫。她的臉上一直掛著笑容，見人就說，回來就好。當她看見一對開織布作坊的夫婦時，眼裡甚至湧出了淚花，請求他們趕快開工，她的紡車已經閒置很久了。

老婦人被一位二十多歲的漢族少婦攙扶著，那少婦稱她「媽媽」，不時和她說這說那，看起來很親暱。這少婦就是郜煦的妻子，孩子還沒過百天，而她的「媽媽」，正是被郜煦誤傷致死的小夥的母親。徐幹介紹說：「疏勒王這次的工作，扎實，有成效，堪稱典範，具有很好的創造性，很值得我們宣傳推廣呢！」

就在班超離開疏勒後，胡正在米夏三哥的帶領下，在城郊的小村子，找到了這位「媽媽」。這是一所收拾得挺乾淨的小院，幾間土房，一溜兒葡萄架，一個饢坑。在房子的炕上，放著一架紡車，不多的家具都擺得井然有序，看得出主人的勤快和能幹。老婦人中年喪夫，家有幾畝地，務農之外，在一個漢族老闆的商行裡租了一架紡車，靠紡線貼補家用。她的線紡得又勻又細，遠近有名。三個女兒相繼出嫁後，卻把獨子寵壞了。那傢伙好吃懶做，成天不著家，回家把母親起早貪黑賺的辛苦錢一卷，就又走了，說了幾個媳婦對方一打聽都不願意，不知怎麼就跟上老鹽商胡鬧去了，一鬧還送了命。作為動亂導火線的死者母親，前一陣一直被廷尉和老鹽商控制和藏匿，廷尉伏法後才得以回家。失子之痛，固然令她傷心，但她更多的是怒其不爭，她更討厭老鹽商，拿她和兒子的屍體做籌碼鬧事。

老婦人對驅趕漢人移民的行為十分氣憤，她對鄰居說：「我們身上穿著漢人做的衣服，嘴上吃著漢人種的菜，家裡使著漢人做的紡車織布機等家具，賺著漢人的錢，有的人家還與漢人聯姻，生了混血寶寶，得了好處不感恩，反過來殺人奪命，以怨報德，這是天神都不會答應的！」

胡正和老三找到她時，她請求這件事趕快收場，趕快把老闆找回來，她還要繼續給他紡線賺錢，指著自己賺錢養老呢！

胡正覺得這是個有愛心、有骨氣、有正義感的婦人，就和吉迪一起帶著郜煦的媳婦去看她。老婦人看見郜煦媳婦抱著嬰兒磕頭，很是憐憫，趕緊扶起來，讓到炕上，聽見小孩哭，母親奶少，就到鄰居家打來羊奶，熱了餵小孩喝。說來也怪，那嬰兒竟然對陌生的羊奶一點也不抗拒，一會兒喝掉小半碗。在母親給孩子換尿布的時候，老婦人抱起孩子，逗了幾下，看見粉白細嫩的嬰兒在笑，母性的習慣使然，她親了孩子一下，突然就喜歡上了，愛不釋手，半天也不願還給人家母親。郜煦的媳婦有些著急，不知對方意欲如何，只聽老婦人說：「把這孩子賠給我當孫子了！」

「這可不行！」郜煦的媳婦的臉色一下子變了，眼淚撲簌撲簌往外流。「嬸兒啊，我男人是過失，不是故意傷害你兒子。你要我們兩口當牛做馬都可以，千萬不能扣孩子。他太小了，離不開娘的！」

老婦人不以為然：「哎喲——妳才生這一個，我都養過四個孩子了，還不知道孩子怎麼養？保證養得白白胖胖的！」

這下嬰兒的母親更急得不得了，央告吉迪和胡正幫她把孩子要回來。胡正還沒反應過來，吉迪卻笑了，對郜煦媳婦說：「妳趕快叫一聲媽媽，老人家要收你孩子當孫子了。」

郜煦媳婦這才反應過來，磕頭叫「媽」。

「妳是媳婦子，不算。改天和妳男人一起來，有兒子才有孫子嘛！」老婦人的臉挺得平平的，說著又轉向吉迪和胡正道：「請你們放了郜煦吧，那孩子只是失手，年輕人犯錯，上天都會原諒的！」

吉迪看老婦人十分誠懇，與胡正商量了一下，決定將事情盡快報知疏勒王。成大聽了，派厄普圖與廷尉再三商議，又反覆徵求老婦人和郜煦兩口的意見，最後下令特赦郜煦，並請徐幹和他一起，參加老婦人收養乾兒子的典禮。

那可真是個好日子，藍天上飄著幾朵白雲，還未落葉的沙棗樹間炊煙斜升。郜煦帶人一大早趕來幾隻羊，運來幾袋米，在主人家院子支起三口小耳朵，做了兩鍋羊肉抓飯，燒了一鍋奶茶，後來又帶了一百多人來賀喜，禮品都把主人家房子堆滿了。老婦人請來三個女兒，將院落齊齊收拾了一遍，往葡萄架下鋪上了毛氈。雖是初冬，小院裡洋溢著熱烈的氣氛。可是村裡人都來賀喜看熱鬧，還有從城裡趕來的官吏和朋友，葡萄架下哪裡盛得下，就是小院也不夠用，只好把氈子鋪在院外的空地上，擺了一把椅子，請老婦人坐上去，接受郜煦兩口子跪拜，她的三個女兒也陪著跪在旁邊。

郜煦是個二十五六歲的小夥子，在米夏家的綢布莊總店當掌櫃，人長得精精神神，身上有那麼一點兒靈氣。他親手將一套新做的衣服給老婦人穿上，與妻子一起磕頭拜過，立誓要好好孝順「媽媽」，為老人家養老送終。他媳婦更是伏在老人肩上，哭得一把鼻子一把淚，沒想到她會遇上這麼好的「婆婆」，真拿他們兩口當兒女疼。老婦人給郜煦取名「阿布都」，勸他們別哭了，趕緊見過三個姐姐。姐姐們說：「今後就是一家人了，你們兩口要是忙，可以把孩子交老娘照顧。」

這場面還真不是策劃出來的。因為情真，令現場所有人都很感動，男人們鼓掌，女人們多在拭眼睛。成大順便問村裡的老人，是否喜歡關內來的漢人。這些人見了國王，一個個又驚又喜，紛紛言說，以前沒有漢人的時候，也沒覺得哪裡不合適，自從他們來了，生活的樂趣多了，日子好像和以前不一樣了。他們一走，不熱鬧了，街上東西也貴了，兒子準備娶媳婦的櫃子也沒人打了，菜也沒人種了，看病也不方便了，現在看來是一點兒也離不開了！

能跟國王說上話，是多少人夢寐以求的。有人後悔以前上了鹽商的當了，不該跟著瞎起鬨；有人說人和人打交道，打打鬧鬧很正常，事歸事，人歸人，再不能一竿子捅了一窩馬蜂。阿布都——郜煦說：「我們漢人在這裡也住慣了，在這裡出力流汗，也在這裡賺錢養家，我們也離不開你們！」

作為疏勒的國王，成大覺得老百姓說得很有道理。他當疏勒國王後，第一次盤腿坐在百姓家的氈子上，和幾百人一起吃小耳朵飯，喝大碗茶，聊沒邊沒沿的天，神態輕鬆，興趣盎然，最後把大家的意思一總結，就是要想過好日子，漢人離不開當地人，當地人也離不開漢人。這「兩個離不開」，就是處理漢人和當地人關係的根本依據。後來，他還讓吉迪帶著老婦人和郜煦一家，到各部落和大一些的村鎮去參觀訪問。當人們知道這一家的故事後，紛紛伸出了大拇指。

班超也給成大伸出了大拇指，誇讚他的工作卓有成效，疏勒的經驗可資借鑑，在西域各國推廣。成大說：「還是大都護厲害，人都領回來了，真是一言九鼎。我只是亡羊補牢，也算不晚，關鍵是老百姓通情達理，特別是這老婦人博大的胸懷，我根本就沒想到。」

班超感謝了老婦人的博愛，叮囑郜煦他們一定要孝順老人，珍惜這來之不易的感情，依法經商，好好過日子。

一場突如其來的政治風暴，就此畫上了句號。班超和成大深談了一次，就治國治吏和危機處置等問題，充分交換了意見。分別時語重心長地對成大說：「凡是有人的地方，就會有矛盾，親兄弟還打架呢！但不管什麼矛盾，一定要就事論事，千萬不能往族群關係上扯。一旦扯到這個上面，就成了敏感問題，很可能會被壞人利用，解決起來也比較麻煩。」

二月中旬，班超啟程返回它干城。路過姑墨的時候，趕上百姓鬧事，把王宮的大門都堵了。班超讓胡正去打聽一陣，胡正回來面有難色，說：「都護大人，這個事情可能管不成。」

「怎麼了？」班超問。

胡正說：「姑墨每年派一批青年到洛陽去學習，由官家出錢，學成回來就補充到各級衙門。以前都選的是官宦子弟，這樣當官的就世襲為官，倒也穩定。只是堵塞了底層老百姓入仕的道路，今年老百姓不幹了，要求公開考試選拔。」

班超覺得這個問題的確棘手。漢帝國的制度就是這樣，劉家人打下的江山，當然是劉家人來坐，給劉家賣過命出過力的也得到相應封賞，爵位都是世襲的。正所謂「龍生龍來鳳生鳳，老鼠生來打地洞」。這樣不合理，可天下事有幾個是合理的！王莽的新朝曾經想搞人人平等的合理社會，但遭到了權貴集團的強烈反抗，最後連命都搭上了。這個根基動不得。好在朝廷有一個「舉孝廉」的制度做補充，使那些真正有才能的平民子弟也能得到啟用。班超就想把這個做法介紹給突昏，希望他能效仿。正好有城門侯認出了班超的車駕，立即驅趕人群，讓出道兒，並打發人進去報告。等班超的車子一進門，姑墨王突昏已經率官員過來迎接了。

「不知大都護駕到，有失遠迎，請都護大人贖罪！」突昏拜道。

班超下車，扶起突昏。「姑墨王何罪之有！是本都護輕車簡從，沒有打招呼嘛！」

一行人進了王宮，突昏便安排宴席。班超說了他的建議，突昏卻哭笑不得：「回稟大都護，今年就是這麼整的，各級官方推薦七成，民間選拔三成。可是下面考試選拔，還是選了富貴人家子弟。我這王位能不能坐穩，還要他們支持呢，也不好求全責備。」

「本都護給你出個點子，你不妨一試。」班超說。「你重新考試，試題就由國王你出，到了考場才公開，最後公開閱卷評分，分數面前人人平等。只怕那些平民子弟就是選不上，也不會不服氣。」

「都護大人這個辦法好。」突昏想了想，笑了。「如此一來，誰也不能利用職權作弊了。」

送別班超的時候，突昏聽說疏勒王準備去洛陽晉見皇帝，也想與之同行，順便在關內考察一番。班超表示支持。西域的國王去內地考察是好事，但事情重大，需要上報朝廷。都護府之前只報了成大一人，且已得到朝廷回覆，如姑墨要去，就得再報。回到都護府後，他聽甘英說焉耆王和尉犁王也有此意，便讓一併上報。朝廷接待一個也是接待，接待一批也是接待。

朝廷這次回饋很快，一併恩准了。半年後這四位國王終於成行，又有于闐、拘彌和莎車王欲步後塵。都護府覺得此事應統籌安排，不能這批前腳走那批後腳到，徒增朝廷接待之繁，就派人往西域各國徵求意見。

班超讓甘英帶盧星、杜平出使烏孫、大宛、康居，重點是同康居王交涉番辰家屬遙控疏勒動亂問題。康居王自覺在疏勒的問題上犯了嚴重錯誤，損兵折將，最後什麼也沒撈著，還導致老朋友白狐和米夏遇難，米夏同父異母的妹妹又是他目前最喜歡的小妃子，就派白狐的兒子巴圖直接殺了番辰的內弟和外甥，將其馬群、僕人和女眷全部充公。疏勒動亂的外部根源，就此除了。康居王老了，承諾再也不糾結娶漢朝公主的事，真正與大漢友好。但見杜平長得英俊瀟灑，非要留下做女婿。甘英磨破嘴皮也不頂事，就贈了康居王好多禮品，帶著番辰內弟和姪兒的頭顱回來了。

甘英這次出使康居，還意外獲得了一個消息，就是中國和羅馬（大秦）的貿易，利潤的大部分都被安息人賺走了。康居人很會做生意，本來就在中原和西方的商品流通中賺錢，但比起安息人，只能是小巫見大巫。他們一般東到玉門關，西到安息國，再遠沒去過，就賺中間一段。據說安息人只是略微挪騰一下，將東方的絲綢倒到羅馬，再將羅馬的珍奇販給東方來的商人，就是數倍、甚至十倍的利潤。

班超並未責斥甘英把杜平留在康居，反而覺得多了一個聯繫的紐帶。他以前忙於打仗，貿易的事情沒太注意，聽甘英這一說，就仔細翻了一下《史記》，發現其《大宛列傳》記載：中國與羅馬的貿易量很大，西漢時就已經「中國使者西去，常帶牛羊數萬隻，賚金幣帛值千鉅萬」，以換取西方奇物，特別是玻璃、水晶、珊瑚、琥珀、毛織品；安息人「善賈市，爭分銖」，來回一倒，「利有十倍」，的確與甘英所說一致。經過再三斟酌，他決定派甘英出使羅馬，看看西方世界的另一個強國是個啥模樣，也讓西域的駝隊再走遠一些，直接與羅馬交易，降低雙方的交易成本。

甘英領命，經過一個多月的準備，帶著黃越、劉慳、狗剩等十幾個人組成的使團，騎著駱駝，馱著絲綢、細瓷器等禮物，踏上了西去羅馬的征程。一路經疏勒、莎車，西入蔥嶺，過蒲犁、無雷至大月氏。在大月氏略事休整補充，繼續出木鹿，歷盡千辛萬苦，於永元九年（97）五月到達安息國的都城赫卡通皮洛斯（又稱和櫝城），拜會了國王帕科羅斯二世，送上絲綢、細瓷器等厚禮，受到了熱情接待。

帕科羅斯二世曾經訪問過羅馬城，他盡自己所知，向來自東方的使者介紹了羅馬的輝煌，說它的國土不但包括了整個地中海地區，還包括希臘、埃及和中東大片的土地，都城羅馬城是個「萬城之城」，住有超過一百萬的人口，其雕刻藝術是人類文明的奇葩瑰寶。安息國王的介紹增加了甘英的好奇心，也更堅定了他訪問羅馬的決心。於是他跟著國王委派的嚮導，經過阿蠻、斯賓、于羅等西亞國家，到達了已經屬於羅馬帝國的條支。

條支曾是塞琉西王國的都城，位於底格里斯河和幼發拉底河之間，是古人類文明的重要發祥地。西元前一萬年左右，這裡的人已經知道修水庫、建大壩蓄水，修渠灌溉，挖溝排澇。世界上大部分農作物的種子都從這裡傳出，世界上最早的酒也從這裡釀出。在西元4000年以後的四千年間，兩河流域曾經歷過蘇美、阿卡德、蘇爾、亞述、新巴比倫、波斯、馬其頓-希臘等鼎盛王朝，他們創立了世界上第一種楔形文字，建立了以月亮陰晴圓缺為標準的太陰曆法和閏月理論，把一小時分成六十分，為兩千年後（1300左右）中國的張衡製作渾天儀，提供了理論基礎。

條支人發明了阿拉伯數字和十進位及六十進位制，把圓分成三百六十度，推算圓周率的值大約為三；他們還找到了解二次方程式的方法和與三角形有關的計算辦法，就連輪子、鋸子、皮革、钃子、錘子、鞍、釘子、大頭針、指環、鏟子、釜、刀、長矛、箭、劍、膠、匕首、袋子、頭盔、船、盔甲、箭桶、劍鞘、靴子、拖鞋、叉等器物，也都是這裡的人發明的，可惜塞琉西王朝於漢宣帝元康二年（前64）被羅馬帝國滅了。

甘英他們在這座人類文明的搖籃裡流連忘返，追尋歷史發展的印記，弄明白好多問題後沿幼發拉底河北上，來到東羅馬的大馬士革。這座城市的祖先阿拉米人，建立了當時最先進的城市供水系統，其方法是開鑿運河地下水道，讓巴拉達河從地下流經城市的大部分地區。這套供水網路系統，後來被羅馬人和阿拉伯倭馬亞王朝改造，至今仍然是大馬士革老城區的基本供水系統。甘英對這套供水系統十分欣賞，想在乾旱少雨的西域推廣，讓大家又是參觀又是測量，每日興致勃勃，樂此不疲。

可是安息嚮導可沒有他那麼好的心情，他經常往返於羅馬與安息之間，對這些東西見慣不怪，沒有新鮮感，加上他的妻子快生孩子了，不想在外耽擱太久。更要命的是他本來是個商人，靠在羅馬和中國之間賺差價過日子，從內心也不願漢使與羅馬國王直接見面，將來東西方打國通接貿易。於是他謊稱去東羅馬的都城君士坦丁堡陸路十分難行，只能走水路，將甘英一行帶到地中海邊，試圖嚇阻漢使。

甘英哪裡知道對方的用心，想著從君士坦丁堡到羅馬城，也要過海，先試試水也行。第一次見到真正的藍色海洋，無邊無際，波湧浪連，根本就不是之前那些蒲類海、敦薨浦之類湖泊能相媲美的。一行人的眼界開闊了，見了許多在中國未曾見過的動物和植物，一路都很興奮。這一趟旅行雖然艱苦，但讓他們真正懂得了國外有國，天外有天。可是甘英上船不久就暈，一會兒就連肚子裡的黃水都吐出來了，他的隨從也都是旱鴨子，一個個吐得東倒西歪，渾身乏力，坐都坐不住了。那個狗剩，更是難受得跳了海。船伕費了老大的勁把他撈上來時，已經被海水嗆得奄奄一息了。這時嚮導又警告大家：「海水喝不得，嗆一口都要命。」

甘英一看騎慣了馬的士兵都不適應海上航行，就問船伕多長時間能到君士坦丁堡。船伕早被嚮導收買，故弄玄虛地說：「海水廣大，比不得你們西域的沙漠。要是遇上順風，三個月就到了，若是遇上逆風，一年兩年也不好說。這海上航行死的人多了，漢使如果不戀父母妻子，只管繼續航行；要是兩年不到，也有補給的海島。海島上住著很多海妖，樣子像鳥，卻是美人的面相，一個比一個漂亮，一般男人見了就不想再下島了。」

甘英一聽，風險太大，一行十多人萬一死在海裡，之前所獲得的見聞和記錄就付諸東流，遂要求返航。上岸之後，他與黃越、劉慳幾人商量，試圖繼續走陸路。但嚮導又說了：「為什麼你們東方人到不了羅馬呢？就是陸路太難行，比海上更險惡。要是陸路好走，我也不會帶你們下海。」甘英雖然心有不甘，也只能望洋興嘆了。

由於黃土地的兒子缺乏對於藍色海洋的認識，代表漢朝的西域使團，沒有實現與羅馬帝國建交的目的。但甘英他們已經踏上了羅馬帝國的土地，延伸了張騫開拓的西行之路，是中國見到地中海的第一人，也是走得最遠的人。他的出使對促進東西方文明的交流傳播，增進西方各國對中國的了解，都具有重大的作用。同時，甘英是第一個覺悟的東方人，他在領略兩河文明的輝煌成就後，清楚地意識到中國不是世界上最發達的國家，也不是人類文明的最早創造者，對那些成天躺在井底誇誇其談，不管別人有什麼發明創造，都喜歡把金貼在自己老祖宗臉上，以為中國才是世界中心的所謂「愛國者」，從心底發出了輕蔑的冷笑！

四個月後，受阻於大海的甘英本著盡量多了解外面世界的原則，經過烏弋山離、罽賓、懸度、皮山、莎車等地，回到它干城。在翻越蔥嶺時，劉慳失足掉下萬丈深淵，就永遠躺在冰雪世界了。其他人也一個個累得精疲力盡，睡了三天還有叫不醒的。甘英稍事休整，便將出使的所見所聞整理出來，寫成了數卷遊記。

歇了半個多月後，甘英便在它干城修建暗河，引河水穿流，對它干城的供水系統進行了系統改造。第二年一開春，他又請求在車師和伊吾盧一帶，對原先的坎兒井水系進行大規模的改造，以提升城池供水和灌溉效率。

班超考慮甘英出使經年，顛簸勞累，回來後又沒有好好歇息，勸他休息半年再說。甘英誠懇地說：「大都護常說『師夷之長計』，末將深以為是。看見別人先進的技術，再看看我們的落後，不改造心裡著急，你就是叫我躺也躺不住的。況末將也已五十有八，只怕要只爭朝夕了。」

甘英一心想做成事情，擋也擋不住。班超就讓他帶了三百人，勘探施工去了。三個多月後，工程尚未完成，甘英連病帶累，死在了坎兒井裡。一個雄心勃勃的建設者，就這麼走了，讓班超那已經脆如玻璃的心，碎了一地。而甘英的去世，給董健的打擊更大，整個人蔫頭耷拉，好像沒了精神。班超為了讓他散心，派其帶著狗剩，將甘英帶回的兩隻罽賓孔雀送到洛陽。順便見甘英的幾卷遊記帶給妹妹曹大家，供她在整理兄長班固尚未完成的《漢書》時，以為參考。

董健到洛陽後，和帝劉肇在北宮接見了他。陪同的有大長秋鄭眾和鄧騭。鄧騭是前護羌校尉鄧訓的長子，因其妹鄧綏成了和帝的皇后，便在皇帝身邊任郎中。董健因為敬重其父，對鄧騭也很尊敬，凡問必詳細回答，使得鄭眾也對班超感了興趣，誇西域有此局面不易。十九歲的劉肇雖然氣色不好，看樣子老成威風，好像開始斷事了，問了他失去手臂的緣由，還賞賜他一個黃馬褂。這件黃馬褂可讓董健長了臉，一路所住的驛館，驛丞都要來拜見，磕頭，為他弄好吃好喝的，讓他真正領略了皇恩浩蕩，把狗剩也興奮得差點忘了自己是誰。

在洛陽期間，董健去了班超家的小院，吃了水莞爾親手做的臊子麵，見了在太尉府做掾屬的班勇，還在米夏大哥的貨棧盤桓了半天。回程路過長安的時候，又專門去看望了班超的長子班雄。班雄在平息了入侵三輔地區的反叛羌人後，已經升任京兆尹。京兆尹是中二千石的級別，真正的地方大員，但班雄還是誠惶誠恐地跪拜了董健，稱他為「班家的大恩人」。董健在班雄的陪同下，參觀了西漢皇宮未央宮，遊覽了皇家園囿曲江池。他怕耽誤班雄公務，就不敢在長安多待了，叫上狗剩趕緊回西域。狗剩得到都護府特批，准其帶媳婦到戊校尉手下屯田，也是班超成全了一樁好事。

喝酒的時候，董健無意間告訴班超：「你兒子的京兆尹衙門，比咱這都護府氣派多了。」

誰知說著無意，聽著有心。班超馬上寫信給班雄，叫他切勿張狂，一定要低調做人。董健知道後，嫌這位老兄「沒勁」，也不和他喝酒了。不和班超喝酒，就只能自斟自飲了。因為他發現都護府上下，軍營裡外，出出進進全都是比自己小二三十歲的人，不禁搖頭嘆氣，獨自拎一罈酒跑到埋甘英和田慮的墓地去了。他跟兩位好兄弟交了一次心，忽然心生退意，試探性向班超提了兩次，一聽根本沒有批准的意思，就把帶兵的工作交給司馬吳凡，申請將甘英和田慮的遺體，連同葬在別處的漢軍遺體，歸攏在疏勒，葬在一起，建一個陵園，以為紀念。這也是他在甘英生前與之討論過的，活著時一起奮戰，死後一起安眠，生生死死，不分不離。

班超考慮了整整兩天，覺得這是一件很莊嚴的事，勉強同意了。但他清楚董健是想借這件事離開他，不見不傷心。和董健一起來的三十六個弟兄，一個個撒手西去，孤零零地剩下他，還是半個人，其傷心是可以理解的。但班超總覺得欠著這些兄弟的，自己升了官，封了侯，幫他獲得這一切的弟兄卻一個個見不著了，真是一將功成萬骨枯啊！所以董健離開後，他除了外出視察和處理公務，一有空就埋下頭整理這些年的散記，大事，心得，尤其是那三十六個兄弟的生平和功績。

人一上年紀，就覺得時間過得快。班超的人物傳記才寫了三卷，就到了除夕。大過年的，龜茲王請他喝迎春酒。喝了一陣，白霸突然吐槽尉犁王違反《敦薨浦協議》，挖龜茲的牆角，致使東部幾個部落的五六千人，都逃到尉犁拓荒去了。他派人與尉犁王交涉無果，王府裡有人建議採取軍事行動，他正在考慮。班超一聽，哪裡還喝得下酒，扔下杯子就走了。臨走告訴白霸：「你敢動兵，我就將龜茲國從西域版圖上抹去！」

第二天一早，白霸便帶著王妃來道歉。「都護大人，我一時心急，急不擇言，言不由衷，請你不要往心裡去。不過尉犁王確實不仗義。」

班超一臉平靜，請白霸夫婦坐下來，讓老媽子沖泡桑葉茶。這是他最近發明的一種喝法，將茯磚、桑葉和沙棗共煮，具有清火明目作用。他前一陣火氣較大，喝著效果明顯。眼下的白霸火氣也不小，需要清火。等白霸喝了幾口，覺得口感還不錯，他才說：「西域各國都是大漢朝廷的王國，是兄弟關係，就算有點利益上的糾葛，那也是內部問題。兄弟鬩於牆，怎麼能訴諸武力呢？有我西域都護府在，有什麼事不能心平氣和坐下來說呢？」

班超的老傭人拉條子做得特別好，麵拉得又細又長又筋道，拌麵的菜也切得細，很入味，也對白霸夫妻的口味，這頓飯便吃得很高興。班超說：「王妃要覺著合口，可以拉著龜茲王經常來吃，老夫就愁沒有人陪著喝酒呢！」

白霸真心認錯道：「我是看老都護上年歲了，身體也不是很好，不忍心什麼事情都麻煩你。想自行解決問題，卻沒有想出好辦法，所以著急。真要用兵，沒有大都護的批准，是萬萬不敢的。」

班超承諾一定給龜茲一個滿意的解決辦法，這事情他管定了！於是剛過初五，就把胡正叫來，讓他去尉犁調查，看看到底是怎麼回事情。

胡正現在任假府丞，是都護府實際的大管家。他帶了幾個掾史、參軍，用了不到一個月時間，就把問題釐清楚了。他認為問題的根本就不在尉犁，是龜茲自身的問題。龜茲王強行推廣大面積種植，搞什麼萬畝水稻方，萬畝胡麻方，萬畝桑田方，劃在哪個方里就種哪種作物，不能種別的，想法是規模種植，好管理，也好看，有氣勢。可是這樣一來，剝奪了農民唯一的自主性，傷害了農民的利益，人家覺得吃虧，又敢怒不敢言，所以就跑到毗鄰的尉犁去了。尉犁可供開墾的土地多的是，想種什麼種什麼，頭三年免稅，與關內來的開墾者同樣政策。所以想自由種田的農民，就一家帶一家，不幾年就過去了七八百戶。

明擺著是龜茲王越俎代庖，手伸得太長，管了不該管、也管不好的事，造成農民離心離德，他還不自知。人往高處走，水往低處流。

西域各國間的人口流動本來就很自由，老百姓肯定哪裡舒暢哪裡去，啥能賺錢種啥，這沒什麼可譴責的。但是這樣一個結果，如何回饋給白霸呢？都護府不能干預王國的內部事務，只能幫他們解決問題。班超想了幾天，終於想出一個辦法。

這天，班超叫上胡正，拿了一卷《道德經》，前往龜茲王府品茶論道。班超品了一盅烏龍，論了一會兒茶經，慢慢就扯到書上。「本都護近讀老子的著作，突然發現最重要的王道是無為而治。『道常無為，而無不為。侯王若能守之，萬物將自化。化而欲作，吾將鎮之以無名之樸。無名之樸，夫亦將無慾。不欲以靜，天下將自定。』譬如本都護，就管好西域的安全、國防、外交和國王的推薦就行了，別的事就是鞭子再長，也不能亂管的。不知龜茲王讀過否，有何心得？」

白霸從小在洛陽長大，當然讀過《道德經》，只是沒有好好研究，被班超猛然提起，還以為老都護是不想管他和尉犂王之間的事情了，一時有些焦急，說到：「都護大人可是打了包票的，不能說不管就不管。你推薦我回來當國王的，你得幫我！」

胡正見白霸未解其意，插嘴說：「大都護肯定會幫龜茲王的。他離你最近，關係也應該最好，他不幫你幫誰呀！」

白霸這時若有所悟，要借班超的《道德經》研究研究。班超給了他，又提議藉著春暖花開，過幾天和龜茲王一起，到東邊幾個部落踏踏春去。

龜茲的春天比內地來得晚，但杏花、桃花、梨花、沙棗花一個都不會缺席。龜茲的小白杏與于闐的大白杏同樣有名，種植很廣，幾乎家家戶戶門口和園子都有幾樹，尤其以阿克薩來部落最為有名。暮春時節，小麥剛剛起身，已見處處花海。班超一行來到一戶農家，發現左右兩邊的院子都空著，就上前打問。主人是個四五十歲的男子，告訴他們人都搬尉犁去了，他也準備搬。

胡正問其緣由，主人遲遲疑疑不開口，聽胡正說是商人，就對著班超直搖頭。「你這麼大年紀了還經商，想必是家裡局促，孩子不孝順吧！」

班超尷尬地笑了笑，權且當一回「孩子不孝順的商人」吧！只聽主人說：「人們為什麼要逃離龜茲，憋屈啊！農民自己的地自己最了解，可是種啥載啥，自己做不了主，必須聽當官的瞎指揮。你不聽還要罰款，要拘人。本來適合栽胡麻的地，非要人種小麥，產量低不說，拿去換胡麻、稻米，還得再交稅，一來一回都讓官府弄走了，種一料下來，比原來少兩三成收益。我們家是以前沒有和親戚們商量好，才等著收了這些麥子再走。一起走七八家，到了尉犁也好有個照應。」

白霸聽了，甚是慚愧，自己一心謀發展，卻不得人心，自是需要深刻反省，就對主人說：「你和你的親戚都不要走了。今年麥收後，你願意種什麼就種什麼！」

主人雙手一背，轉過身去，忽又回過頭來，脖子上的青筋爆得老高，不以為然地反問：「你以為你是誰呀，連阿克薩來部落王說了都不算，我憑什麼聽你的？」

隨行的兜題馬上趨前，拍拍主人的肩膀說：「這個人比部落王大，他的話部落王不敢不聽。」

主人搖搖頭，有些失笑，邊往家門口走邊說：「這些年吹牛的人越來越多，可是敢吹你這麼大牛的，還沒見過！」

一行人面面相覷，哭笑不得。正要招呼主人回來，忽聽一陣馬蹄聲近，轉眼到了跟前，跳下幾個人，見了白霸就拜。「下官不知大王駕臨，請求贖罪。」

「你們起來吧！我們出來只是踏春，故未告知部落。你們既然來了，快快見過大都護！」白霸並未怪罪他們。「大人，這幾位是阿克薩來的部落王和副王、府侯。」

正待回家關門的主人，無意間看見這一幕，立時嚇傻了，趕緊跑過來跪倒在地，請求饒恕。白霸說：「不知不為罪，還要感謝你講真話，提醒王府糾正錯誤呢！」

班超覺得今天的出行效果不錯，心下欣欣，示意胡正扶起主人。「這位兄弟，為了證明龜茲王說話算話，你去把你家的親戚都找來，幫著在你家做一頓飯，本都護和龜茲王想嘗嘗你家的拉條子好不好吃，要素拌，有雞蛋就行！」

主人見剛才的莽撞並未引起貴客的不悅，也沒有被責備，轉懼為喜，說道：「大都護和國王都來了，哪有不殺羊的，說出去還不讓人笑掉大牙！」

這主人也是有些人緣的，打發孩子出去請親戚，一請來了近百人，許多都是親戚的鄰居、朋友。大家在杏樹下圍成一圈，聽白霸當場宣布：「從今往後，廢除一切對農民的束縛。以後官家不再管農民種地的事，誰愛種什麼只管種，按地畝徵稅，農民自己的農產品上市交易，也不用交稅。就是其他行業，官家也只管定規矩收稅，所有的事情都讓老百姓自己做主。」

白霸的話音一落，人們歡欣鼓舞，喜笑顏開。畢竟物離鄉貴，人離鄉賤，這樣一來，誰還願意背井離鄉，到尉犁去開田呢！

回到龜茲王府，白霸送還《道德經》，並對班超說：「大都護良苦用心，本王感激涕零。我親自抄了一遍《道德經》，反覆誦讀，覺得李伯陽的確是一位無出其右的高人。他的『無為而治』絕對是王道的最高境界，官民界限清楚，各有所為，各盡其職，誰都不要越俎代庖，管那些不該管、管不好也管不了的事情，最終達到人各有為，各盡其職，這才是大作為。」

「我說龜茲王，你也不用給老兄帶高帽子。事情該怎麼做，不該怎麼做，都是老弟你自己在思索，自己在試驗，一種辦法不行，換一種思維再試好了。老夫只是跟龜茲王吃了一碗拌麵，味道還不錯，就是羊肉沒炒熟，大概著急，燉得時間短了。看來凡是不能著急，戒急用忍還是要的。」班超似乎專心品茶，聽了白霸的讀書體會，笑了。他這也就是轉著彎批評白霸，一語不合就要與人動武，到底是當官時間太短，不夠老成持重。白霸也聽出點鹽鹹醋酸，主動提出抽空去尉犁走訪道歉。班超忙說：「不用，尉犁小國，本都護把他叫來好了，哪能勞動你龜茲大國的王駕呢！」

白霸聽了大都護的話，臉紅到脖子根，想要解釋。班超卻擺擺手，笑笑呵呵地說：「都護府想開一個治國理政的交流會，時間就選在秋天，把西域三十六國的國王都請到延城來。你龜茲王做東，都護府出錢，大家一起討論交流，看看誰家有啥好的辦法，通通拿出來共享，取長補短。鄰國之間有啥矛盾，也一併說出來，互相了解對方的想法，大家幫著出主意。同時，也給你龜茲這無為而治，揚個名立個萬兒，不知你老弟意下如何呢？」

三十六國國王齊聚延城，給龜茲長臉，這可是開天闢地第一回！有這樣的大好事，白霸高興還來不及呢，哪有不願意的道理！他埋怨大都護「說話大喘氣」，差點急死他了。班超又品了一口茶，不急不慢地說：「讓胡正牽頭，王府也出一個人，找些幹練官員，成立個籌備團隊，搞好策劃，到時管會務的，管安全的，管吃喝拉撒睡的，都有專人負責，一定把這次會議辦好。」

永元十一年（99）金秋八月，新谷入倉，瓜果上市，甘英未竟的坎兒井改造工程，也由狗剩完工了，人們的臉上都洋溢著豐收的喜悅。規模空前的西域諸國治理工作交流會，在龜茲的王治延城舉行。來自三十六國的國王和主要隨從官員，濟濟一堂，交流經驗，溝通問題，化解矛盾，大會小會交叉，圓滿完成了各項議程。將前幾年的《敦薨浦協議》進一步修改完善，形成了新的資源共享、協同發展的《延城宣言》。于闐的開放招商、龜茲的無為而治和疏勒的「兩個離不開」，成了各國效法的範本。

班超在會上發表了主旨演講，著重強調了各國和諧相處，取長補短，橫向聯合，聯合互惠互利。他實際上把這次演講當成了告別演說，因為過去的慣例是都護三年一換，他已經在任第五個年頭了。更重要的是他被阿克薩來那位笑話他的農民刺激了，六十七，離古稀之年一步之遙，身體的各個零件都在退化，也確實到了解甲掛冠的年紀。

閉會這天，作為東道主的龜茲王，在宴會之後，用盛大的龜茲樂舞來招待各國貴賓。龜茲樂舞是東方文明一絕，與著名的莎車歌舞有許多不同，最顯著的特點是使用七聲音階，音樂特別講究，光樂器就有幾十種，如弓形箜篌、豎箜篌、五絃琵琶、曲項琵琶、排簫、篳篥、橫笛、大鼓、腰鼓、細腰鼓、羯鼓、鈴、銅鈸等，演奏起來鏗鏘鏜鏜，洪心駭耳。據說是絳賓當龜茲王的時候，娶了一位烏孫公主為妃，這個妃子特別喜歡歌舞，為陪絳賓晉見前漢宣帝，就將西域歌舞與胡旋舞完美地融合在一起，創立了獨特的龜茲樂舞，演出之後贏得了宣帝「車騎旗鼓，歌吹數十人」的賞賜。一百多年來，龜茲樂舞經過不斷豐富元素，日臻完美，逐步成了西域文化的一朵奇葩。

雄渾的羯鼓一敲，音樂響起來了。四十八名美麗的舞女和四十八名帥氣的舞生，在歡快的樂聲中奉獻了一場極富特色的感官盛宴。最後，一位美少女突然跑到班超面前，半躬著身子，用不太熟練的漢語弱弱地說：「大都護，我們要咬你！」

班超的眉頭立時皺了起來，心想啥時候冒出來這種禮儀，好好的咬人乾什麼！就說：「要咬你們去龜茲王身上咬吧，他胖，老夫身上沒有肉，咬一口怪痛的！」

這時候，白霸已經笑彎了腰，忙讓小女孩說塞語。班超這才明白美少女的意思，是邀請他跳舞。把他家的！回望身邊，他發現各位國王和王妃都陸續被邀請下到舞池，舞之蹈之跳起來了，也就高興地站起來，接受了小舞女的邀請。進到舞池，踩著樂點，費力地扭動著不大聽話的老手臂老腿。他是一個特別喜歡西域文化的人，動作雖拙笨，但心情是愉悅的，一會兒就到了無我的境地，彷彿整個人都幻化到美妙的音樂中去了。

班超傳——三十六人撫西域，六頭火炬走匈奴

作　　者：郎春
發 行 人：黃振庭
出 版 者：崧燁文化事業有限公司
發 行 者：崧燁文化事業有限公司
E-mail：sonbookservice@gmail.com
粉 絲 頁：https://www.facebook.com/sonbookss/
網　　址：https://sonbook.net/
地　　址：台北市中正區重慶南路一段 61 號 8 樓
8F., No.61, Sec. 1, Chongqing S. Rd., Zhongzheng Dist., Taipei City 100, Taiwan

電　　話：(02)2370-3310
傳　　真：(02)2388-1990
印　　刷：京峯數位服務有限公司
律師顧問：廣華律師事務所 張珮琦律師

定　　價：330 元
發行日期：2024 年 10 月第一版
◎本書以 POD 印製

國家圖書館出版品預行編目資料

班超傳——三十六人撫西域，六頭火炬走匈奴 / 郎春 著 . -- 第一版 . -- 臺北市：崧燁文化事業有限公司，2024.10
面；　公分
POD 版
ISBN 978-626-394-921-8(平裝)
1.CST: (漢) 班超 2.CST: 傳記
782.822　　　113014815

電子書購買

爽讀 APP

臉書